现代战舰大百科（图鉴版）

《深度军事》编委会 编著

（第2版）

清华大学出版社
北京

内 容 简 介

本书精心选取了冷战以来世界各国建造的100余款经典战舰，现代海军的重要舰种均有涉及，包括航空母舰、巡洋舰、驱逐舰、护卫舰、潜艇、两栖舰艇和导弹艇等，每种战舰都简明扼要地介绍了研制年代、建造数量、服役时间、基本构造和作战性能等知识。

本书结构严谨、分析讲解透彻、图片精美丰富、版式新颖别致，不仅适合资深军事爱好者阅读和收藏，还可作为少年儿童的军事启蒙读物。

本书封面贴有清华大学出版社防伪标签，无标签者不得销售。
版权所有，侵权必究。举报：010-62782989，beiqinquan@tup.tsinghua.edu.cn。

图书在版编目（CIP）数据

现代战舰大百科：图鉴版/《深度军事》编委会编著.—2版.—北京：清华大学出版社，2019（2024.7重印）
(现代兵器百科图鉴系列)
ISBN 978-7-302-51813-6

Ⅰ.①现… Ⅱ.①深… Ⅲ.①战舰—世界—图集 Ⅳ.①E925.6-64

中国版本图书馆CIP数据核字(2018)第080461号

责任编辑：李玉萍
封面设计：李　坤
责任校对：张彦彬
责任印制：丛怀宇

出版发行：清华大学出版社
网　　址：https://www.tup.com.cn，https://www.wqxuetang.com
地　　址：北京清华大学学研大厦A座　　　邮　编：100084
社 总 机：010-83470000　　　　　　　　　邮　购：010-62786544
投稿与读者服务：010-62776969，c-service@tup.tsinghua.edu.cn
质量反馈：010-62772015，zhiliang@tup.tsinghua.edu.cn
印 装 者：涿州汇美亿浓印刷有限公司
经　　销：全国新华书店
开　　本：190mm×260mm　　印　张：21.5　　字　数：265千字
版　　次：2015年7月第1版　2019年8月第2版　印　次：2024年7月第6次印刷
定　　价：89.00元

产品编号：081680-02

前言 Preface

对于许多依赖海洋的国家来说,海军力量对它们的生存和发展起着极其重要甚至可以说是生死攸关的作用,英国和西班牙就是最典型的例证。

英国确立世界霸权的历史,其实就是英国海军逐渐壮大的过程,而这背后则是不断更新换代的各式战舰,以及持续推陈出新的造船技术。事实上,海军自诞生以来便在大大小小的战争中发挥着巨大的作用,时至今日仍然是现代化三军中不可或缺的一支。

众所周知,海军最为重要的装备就是战舰,堪称海军的安身立命之本。大到上万吨的航空母舰,小到数百吨的登陆艇,在战争中都有着巨大的影响力。无论是已经淡出历史舞台的巡洋舰,还是方兴未艾的濒海战斗舰,都在海军的作战活动中起着不可替代的作用。

2015年,我社推出了"现代兵器百科图鉴系列"图书,其中《现代战舰大百科(图鉴版)》一书对冷战以来世界各国建造的100余款经典战舰进行了全面介绍,涵盖航空母舰、巡洋舰、驱逐舰、护卫舰、潜艇和两栖舰艇等多个类别。每种战舰都简明扼要地介绍了研制年代、建造数量、服役时间、基本构造和作战性能等知识,并配有精美而丰富的鉴赏图片。由于内容全面、图文并茂、印刷精美,该书在市场上获得了不错的反响,是帮助读者了解现代战舰的得力助手。

不过,由于军事知识更新较快,在近两年里出现了不少新式战舰,而一些现役的战舰也在不断发生变化。针对这种情况,我社决定在第1版的良好基础上,虚心接受读者朋友们提出的意见和建议,推出内容更新更全的第2版。与第1版相比,第2版不仅新增了数十种战舰,还对第1版的过时信息进行了更新。

本书由《深度军事》编委会创作,参与本书编写的人员还有黄成、阳晓瑜、陈利华、高丽秋、龚川、何海涛、贺强、胡姝婷、黄启华、黎安芝、黎琪、黎绍文、卢刚、罗于华等。在本书的编写过程中,我们在内容上进行了去伪存真的甄别,使其更加符合客观事实;同时全书内容经过多位军事专家严格的筛选和审校,力求尽可能地准确、客观,便于读者阅读参考。由于时间和编者经验有限,书中难免有疏漏和不足之处,恳请专家和读者不吝赐教。

本书赠送的图片及其他资源均以二维码形式提供,读者可以使用手机扫描右侧的二维码下载并观看。

Contents 目录

CHAPTER 01　现代战舰漫谈
战舰发展史　　　　　　　　　　　　2
现代战舰分类　　　　　　　　　　　6

CHAPTER 02　航空母舰
美国"埃塞克斯"级航空母舰　　　　10
美国"中途岛"级航空母舰　　　　　12
美国"福莱斯特"级航空母舰　　　　14
美国"企业"号航空母舰　　　　　　16
美国"尼米兹"级航空母舰　　　　　18
美国"福特"级航空母舰　　　　　　20
俄罗斯"莫斯科"级航空母舰　　　　22
俄罗斯"基辅"级航空母舰　　　　　24
俄罗斯"库兹涅佐夫"号航空母舰　　26
英国"无敌"级航空母舰　　　　　　28
英国"伊丽莎白女王"级航空母舰　　30
法国"克莱蒙梭"级航空母舰　　　　32
法国"夏尔·戴高乐"号航空母舰　　34
意大利"朱塞佩·加里波第"号航空母舰　36
意大利"加富尔"号航空母舰　　　　38
西班牙"阿斯图里亚斯亲王"号航空母舰　40
泰国"查克里·纳吕贝特"号航空母舰　42
巴西"圣保罗"号航空母舰　　　　　44
印度"维拉特"号航空母舰　　　　　46
印度"维兰玛迪雅"号航空母舰　　　48
印度"维克兰特"级航空母舰　　　　50
日本"日向"级直升机护卫舰　　　　52
日本"出云"级直升机护卫舰　　　　54

CHAPTER 03　巡洋舰
美国"克利夫兰"级巡洋舰　　　　　58
美国"巴尔的摩"级巡洋舰　　　　　60
美国"俄勒冈城"级巡洋舰　　　　　62
美国"德梅因"级巡洋舰　　　　　　64
美国"北安普敦"号巡洋舰　　　　　66
美国"长滩"号巡洋舰　　　　　　　68
美国"莱希"级巡洋舰　　　　　　　70
美国"班布里奇"号巡洋舰　　　　　72

美国"贝尔纳普"级巡洋舰	74
美国"特拉克斯顿"号巡洋舰	76
美国"加利福尼亚"级巡洋舰	78
美国"弗吉尼亚"级巡洋舰	80
美国"提康德罗加"级巡洋舰	82
俄罗斯"金达"级巡洋舰	84
俄罗斯"克里斯塔Ⅰ"级巡洋舰	86
俄罗斯"克里斯塔Ⅱ"级巡洋舰	88
俄罗斯"卡拉"级巡洋舰	90
俄罗斯"基洛夫"级巡洋舰	92
俄罗斯"光荣"级巡洋舰	94
英国"老虎"级巡洋舰	96
意大利"安德烈娅·多里亚"级巡洋舰	98

CHAPTER 04　驱逐舰

美国"斯普鲁恩斯"级驱逐舰	102
美国"基德"级驱逐舰	104
美国"阿利·伯克"级驱逐舰	106
美国"朱姆沃尔特"级驱逐舰	108
俄罗斯"卡辛"级驱逐舰	110
俄罗斯"无畏"级驱逐舰	112
俄罗斯"无畏Ⅱ"级驱逐舰	114
俄罗斯"现代"级驱逐舰	116
英国"郡"级驱逐舰	118
英国"谢菲尔德"级驱逐舰	120
英国"勇敢"级驱逐舰	122
法国"卡萨尔"级驱逐舰	124
澳大利亚"霍巴特"级驱逐舰	126
韩国"广开土大王"级驱逐舰	128
韩国"忠武公李舜臣"级驱逐舰	130
韩国"世宗大王"级驱逐舰	132
日本"旗风"级驱逐舰	134
日本"朝雾"级驱逐舰	136
日本"金刚"级驱逐舰	138
日本"村雨"级驱逐舰	140
日本"高波"级驱逐舰	142
日本"爱宕"级驱逐舰	144
日本"秋月"级驱逐舰	146
印度"加尔各答"级驱逐舰	148

CHAPTER 05　护卫舰

美国"佩里"级护卫舰	152
美国"自由"级濒海战斗舰	154
美国"独立"级濒海战斗舰	156
俄罗斯"猎豹"级护卫舰	158
俄罗斯"守护"级护卫舰	160
俄罗斯"不惧"级护卫舰	162

俄罗斯"格里戈洛维奇"级护卫舰	164
俄罗斯"戈尔什科夫"级护卫舰	166
英国"公爵"级护卫舰	168
法国"乔治·莱格"级护卫舰	170
法国"花月"级护卫舰	172
法国"拉斐特"级护卫舰	174
法国"阿基坦"级护卫舰	176
意大利"卡洛·贝尔加米尼"级护卫舰	178
意大利"西北风"级护卫舰	180
法国/意大利"地平线"级护卫舰	182
德国"不来梅"级护卫舰	184
德国"勃兰登堡"级护卫舰	186
德国"萨克森"级护卫舰	188
瑞典"伟士比"级护卫舰	190
瑞典"斯德哥尔摩"级护卫舰	192
西班牙"阿尔瓦罗·巴赞"级护卫舰	194
荷兰"卡雷尔·多尔曼"级护卫舰	196
澳大利亚/新西兰"安扎克"级护卫舰	198
日本"夕张"级护卫舰	200
日本"阿武隈"级护卫舰	202
韩国"浦项"级护卫舰	204
印度"塔尔瓦"级护卫舰	206
印度"什瓦里克"级护卫舰	208

CHAPTER 06　潜艇

美国"鲟鱼"级攻击型核潜艇	212
美国"洛杉矶"级攻击型核潜艇	214
美国"海狼"级攻击型核潜艇	216
美国"弗吉尼亚"级攻击型核潜艇	218
美国"乔治·华盛顿"级弹道导弹核潜艇	220
美国"俄亥俄"级弹道导弹核潜艇	222
美国"哥伦比亚"级弹道导弹核潜艇	224
俄罗斯"塞拉"级攻击型核潜艇	226
俄罗斯"亚森"级攻击型核潜艇	228
俄罗斯"阿库拉"级攻击型核潜艇	230
俄罗斯"德尔塔"级弹道导弹核潜艇	232
俄罗斯"台风"级弹道导弹核潜艇	234
俄罗斯"北风之神"级弹道导弹核潜艇	236
俄罗斯"奥斯卡"级巡航导弹核潜艇	238
俄罗斯"基洛"级常规动力潜艇	240
俄罗斯"拉达"级常规动力潜艇	242
英国"前卫"级弹道导弹核潜艇	244
英国"勇士"级攻击型核潜艇	246
英国"敏捷"级攻击型核潜艇	248
英国"特拉法尔加"级攻击型核潜艇	250
英国"机敏"级攻击型核潜艇	252
德国209级常规动力潜艇	254
德国212级常规动力潜艇	256

德国214级常规动力潜艇	257
法国"凯旋"级弹道导弹核潜艇	258
法国"红宝石"级攻击型核潜艇	259
法国/西班牙"鲉鱼"级常规动力潜艇	260
意大利"萨乌罗"级常规潜艇	261
荷兰"海象"级常规动力潜艇	262
以色列"海豚"级常规潜艇	263
瑞典"哥特兰"级常规潜艇	264
澳大利亚"柯林斯"级常规潜艇	265
日本"亲潮"级常规动力潜艇	266
日本"苍龙"级常规动力潜艇	267
印度"歼敌者"级弹道导弹核潜艇	268

CHAPTER 07　两栖舰艇

美国"塔拉瓦"级两栖攻击舰	272
美国"黄蜂"级两栖攻击舰	274
美国"美利坚"级两栖攻击舰	276
美国"蓝岭"级两栖指挥舰	278
美国"惠德贝岛"级船坞登陆舰	280
美国"奥斯汀"级船坞登陆舰	282
美国"圣安东尼奥"级船坞登陆舰	284
美国LCAC气垫登陆艇	286
俄罗斯"蟾蜍"级坦克登陆舰	288
俄罗斯"短吻鳄"级坦克登陆舰	290
俄罗斯"伊万·格林"级登陆舰	292
俄罗斯"野牛"级气垫登陆艇	294
英国"海洋"级两栖攻击舰	296
英国"海神之子"级船坞登陆舰	298
法国"西北风"级两栖攻击舰	300
法国"闪电"级船坞登陆舰	302
意大利"圣·乔治奥"级两栖攻击舰	304
荷兰/西班牙"加里西亚"级船坞登陆舰	306
荷兰/西班牙"鹿特丹"级船坞登陆舰	308
西班牙"胡安·卡洛斯一世"号两栖攻击舰	310
韩国"独岛"级两栖攻击舰	312
新加坡"坚韧"级船坞登陆舰	314
日本"大隅"级两栖运输舰	316

CHAPTER 08　导弹艇

美国"阿尔·希蒂克"级导弹艇	320
俄罗斯"奥萨"级导弹艇	322
德国"信天翁"级导弹艇	324
德国"猎豹"级导弹艇	326
以色列"萨尔4.5"级导弹艇	328
挪威"盾牌"级导弹艇	330
芬兰"哈米纳"级导弹艇	332

参考文献　334

01
CHAPTER

现代战舰漫谈

战舰是对具有直接攻击能力的作战舰艇的统称,拥有极为悠久的发展历史。战舰对于海军来说极为重要,并且被认为是国家领土的一部分,因此备受世界各国重视。本章主要介绍战舰的发展历史和现代战舰的分类。

战舰发展史

　　战舰起源较早,埃及、腓尼基和希腊等地在公元前 1200 年左右就已经出现了以划桨为主、以风帆为辅助动力的战舰。不过,由于古代科学技术不发达,战舰发展缓慢,木质桨帆战舰一直延续了数千年。直到 18 世纪,蒸汽机的发明,冶金、机械和燃料工业的发展,才让战舰的材料、动力装置、武器装备和建造工艺发生了根本性变化。战舰开始使用蒸汽机作为主动力装置,以明轮推进;同时甲板上设置有可旋转的平台和滑轨,使舰炮可以转动和移动。与同级的风帆战舰相比,现在战舰的机动性能和舰炮威力都大为提高。

■ 17 世纪的荷兰风帆战舰

19世纪30年代，螺旋桨推进器问世。1849年，法国建成世界上第一艘由螺旋桨推进的蒸汽战列舰"拿破仑"号。此后，法国、英国、俄国等国海军都装备了蒸汽舰。到了19世纪70年代，许多国家的海军基本完成了从帆船舰队向蒸汽舰队的过渡，战舰日益向增大排水量、提高机动性能、增强舰炮攻击力和加强装甲防护的方向发展；装甲舰，尤其是由战列舰和战列巡洋舰组成的主力舰，成为舰队的骨干力量。

20世纪初，使用柴油机－电动机双推进系统的潜艇研制成功，使潜艇具备了一定的实战能力，并逐步成为海军的重要舰种。英国海军在装备了"无畏"级战列舰以后，海军发展进入"巨舰大炮主义"时代，英国、美国、法国、日本、意大利、德国等海军强国之间，展开了以发展主力舰为中心的海军军备竞赛。

• 英国"无畏"级战列舰的大口径舰炮 •

■ 二战时期的美国"埃塞克斯"级航空母舰

1914年第一次世界大战（以下简称"一战"）爆发时，各主要参战国海军共拥有主力舰150余艘。20世纪20—30年代，航空母舰开始崭露头角。到了第二次世界大战（以下简称"二战"）时期，由于造船焊接工艺的广泛应用、分段建造技术和机械、设备的标准化，保证了战时能快速、批量地建造舰艇。在战争中，战列舰和战列巡洋舰逐渐失去主力舰的地位，而航空母舰和潜艇则迅速发展。以航空母舰编队或航空母舰编队群形成的机动作战、潜艇战和反潜艇战改变了传统的海战方式，成为海战的重要形式。与此同时，磁控管等电子元器件、微波技术、模拟计算机等关键技术的突破，促使舰艇雷达、机电式指挥仪等新装备诞生，形成了完整的舰炮系统，使水面舰艇的攻防能力大为提高。

二战后，战舰再次迎来了重要变革时期。在人类进入了核时代后，核导弹、核鱼雷、核水雷、核深水炸弹相继出现，潜艇、航空母舰向核动力化发展。20世纪50—60年代，自喷气式超音速海军飞机搭载航空母舰之后，垂直/短距起落飞机、直升机等又相继成为舰载装备，使大、中型舰艇普遍具备了海空立体作战能力。与此同时，潜射弹道导弹、中远程巡航导弹、反舰导弹、反潜导弹、舰空导弹、自导鱼雷、制导炮弹等一系列精确制导武器开始装备各类战舰，这些先进的武器装备进一步增强了现代海军攻防作战、有限威慑和反威慑的能力。

■ 美国海军基地中的各类现代战舰

20世纪70年代以后，军用卫星、数据链通信、相控阵雷达、水声监视系统、电子信息技术和电子计算机的广泛应用，使现代战舰逐步实现了自动化、系统化，并开始向智能化方向发展。20世纪90年代，世界上拥有海军的国家和地区已达100多个。随着国际贸易和航运的日益扩大、海洋开发的扩展，国际海洋竞争日趋激烈，濒海国家不断运用科学技术的新成果，发展各类新式战舰，提高海军的作战能力。

■ 美国"小鹰"级航空母舰及其舰载机群

现代战舰分类

在现代海军所装备的舰艇中，主力战舰包括航空母舰、巡洋舰、驱逐舰、护卫舰、潜艇和两栖舰艇，这些战舰各司其职，均在现代战争中发挥着重要作用。

航空母舰

航空母舰（Aircraft Carrier）常被简称为"航母"，是以舰载机为主要武器并作为其海上活动基地的大型水面战斗舰艇，其舰体通常拥有巨大的甲板和坐落于左右其中一侧的舰岛。航母是航空母舰战斗群的核心，舰队中的其他船只为其提供保护和补给，而航母则提供空中掩护和远程打击能力。发展至今，航母已是现代海军不可或缺的武器，也是海战最重要的舰艇之一。

巡洋舰

巡洋舰（Cruiser）是一种在火力、排水量和装甲防护等方面仅次于战列舰的大型水面作战舰艇，它拥有同时对付多个作战目标的能力，并能胜任多种任务。历史上，巡洋舰最初是指可以独立行动的战列舰，而与此相对的驱逐舰则需要其他船只的协助才能行动。不过，随着战列舰的消失和巡洋舰的凋零，现在这个区分已经消失了。

驱逐舰

驱逐舰（Destroyer）是现代海军舰队中作战能力较强的舰种之一，通常被用于攻击水面舰船、潜艇和岸上目标等，并能执行舰队防空、侦察、巡逻、警戒、护航和布雷等任务，是现代海军舰艇中用途最广泛、建造数量最多的主战舰艇之一。现代的驱逐舰以导弹、鱼雷和舰炮等武器为攻防手段，具有多种作战能力。

护卫舰

护卫舰（Frigate）曾被称为护航舰或护航驱逐舰，其武器装备以中小口径舰炮、导弹、鱼雷、水雷和深水炸弹为主，是当代世界各国建造数量最多、分布最广，且参战机会最多的一种中型水面战舰。护卫舰功能多，用途广，可执行反潜、防空、护航、侦察、布雷、警戒巡逻、支援登陆和保障陆军濒海翼侧安全等作战任务。

潜艇

潜艇（Submarine）也叫潜水艇，是一种能在水下航行的舰艇。现代潜艇按照动力可分为常规动力潜艇与核潜艇；按照作战使命可分为攻击潜艇与战略导弹潜艇。其中，常规动力潜艇按照排水量又可分为大型潜艇（2000吨以上）、中型潜艇（600～2000吨）、小型潜艇（100～600吨）和袖珍潜艇（100吨以下）4类，而核潜艇的排水量通常都在3000吨以上。

两栖舰艇

两栖舰艇也称登陆舰艇，它是一种用于运载登陆部队、武器装备、物资车辆、直升机等进行登陆作战的舰艇，出现于二战中，并于20世纪50年代以后才大力发展起来的新舰种。两栖舰艇可分为登陆舰、登陆艇、两栖攻击舰、登陆运输舰、两栖物资运输舰等。

航空母舰

CHAPTER 02

航空母舰是以舰载机为主要作战武器的大型水面舰艇,在二战期间接替战列舰成为新的海上霸主。从战争历史看,航母不仅是决定战争胜负的利器,更是大国国力和军力的标志,可谓货真价实的"大国利器"。本章主要介绍了冷战以来世界各国建造的经典航空母舰,包括一些功能类似准航空母舰的舰船。

美国"埃塞克斯"级航空母舰

"埃塞克斯"级航空母舰（Essex Class Aircraft Carrier）是美国在二战前后建造的大型航空母舰，也是美国历史上建造数量最多的大型航空母舰，原计划建造32艘，实际建成24艘。在建造过程中，该级舰的舰体多次被做了重大改动。大部分"埃塞克斯"级航空母舰于20世纪60年代及70年代退役拆解，少数服役至90年代。美国保留了4艘作为博物馆舰，另有1艘凿沉为人工鱼礁。

"埃塞克斯"级航空母舰吸取了美国以往航空母舰的优点，作战能力得到进一步提升。舰首、舰尾及左舷外部各设一座升降台，甲板及机库各设一座弹射器。在舰尾与舰首各设有一组拦阻索，能阻拦降落重量达5400千克的舰载机。水平装甲设于机库甲板而非飞行甲板，以腾出更多的机库空间。该舰的水下、水平防护和防空火力都有所加强，舰体被分隔出了蓄水密舱室。虽然有多艘"埃塞克斯"级航空母舰在战争中屡遭重创，但没有一艘被击沉。在二战时期，"埃塞克斯"级航空母舰的典型舰载机配置为36架F6F"地狱猫"战斗机、37架SB2C"地狱俯冲者"俯冲轰炸机和18架TBF"复仇者"鱼雷轰炸机。

■ 被评为美国国家历史地标的"无畏"号博物馆舰

CHAPTER 02 航空母舰

美国"中途岛"级航空母舰

"中途岛"级航空母舰（Midway Class Aircraft Carrier）是美国在二战期间开始建造的航空母舰，也是美国海军历史上服役期最长的舰艇。该级舰经历了喷气时代的改装，直到冷战结束后仍服役了一段时间。

"中途岛"级航空母舰采用了一种全新的设计方式，克服了"埃塞克斯"级航空母舰存在的一些缺点，但仍有不少问题，如潮湿、拥挤和过于复杂化等，这些问题直到该舰退役也没有得到解决。总体来说，其设计不能令人满意，但出于对大型航空母舰的迫切需求，它们仍在美国海军中服役了很长时间。在二战期间，"中途岛"级航空母舰最多可搭载130架舰载机，而在20世纪80年代通常搭载45～55架。该级舰的自卫武器为18门127毫米单管高平两用炮、21门四联装40毫米"博福斯"射炮和28门20毫米"厄利空"机炮。

· 左舷特写 ·

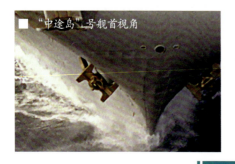

■ "中途岛"号舰首视角

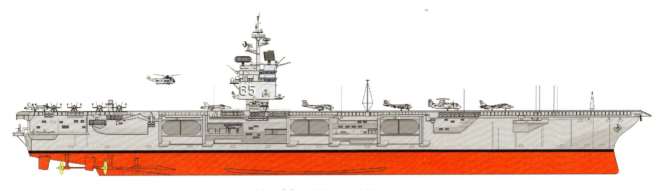

· "中途岛"级航空母舰结构图 ·

■ "中途岛"号返回母港

CHAPTER 02 航空母舰

美国"福莱斯特"级航空母舰

"福莱斯特"级航空母舰（Forrestal Class Aircraft Carrier）是二战后美国首批为配合喷气式飞机的诞生而建造的常规动力航空母舰。

"福莱斯特"级航空母舰的满载排水量远超前一代的"中途岛"级航空母舰，被认为是世界上第一个真正付诸生产的超级航空母舰级别。"福莱斯特"级航空母舰装有斜向飞行甲板，舰首甲板与斜向飞行甲板最前段设有4座蒸汽弹射器，配合4座设在船侧的升降机，这些都是之后的美国航空母舰一直沿用的标准设计。唯一不同的是"福莱斯特"级航空母舰的舰桥靠前，在右舷的升降机是前一后二，而之后的美国航空母舰其设计方式则是前二后一。"福莱斯特"级航空母舰最多可搭载90架舰载机，早期自卫武器是8门127毫米单装高平两用炮，后期经过改装换为3座八联装"海麻雀"导弹发射装置和3座20毫米"密集阵"近防系统。

· "福莱斯特"级航空母舰结构图 ·

TIPS

在本级舰开始发展前，美国原计划建造5艘"美国"级航空母舰，但计划因种种原因而取消，并导致当时支持此计划的国防部长詹姆斯·福莱斯特自杀。

美国"企业"号航空母舰

"企业"号航空母舰（USS Enterprise Aircraft Carrier）舷号CVN-65，是世界上第一艘核动力航空母舰，拥有当时最先进的相位阵列雷达和设计独特的方形舰桥。

"企业"号的外形与"小鹰"级基本相同，采用封闭式飞行甲板，从舰底至飞行甲板形成了整体箱形结构。飞行甲板为强力甲板，厚达50毫米，并在关键部位加装装甲。水下部分的舷侧装甲厚达150毫米，并设有多层防雷隔舱。该舰的机库为封闭式，长223.1米，宽29.3米，高7.6米。在斜直两段甲板上分别设有2座C-13蒸汽弹射器，斜角甲板上设有4道MK7拦阻索和1道拦阻网，升降机为右舷3座，左舷1座。"企业"号的动力装置为8座A2W核反应炉、16座2500千瓦发电轮机和4座1000千瓦柴油轮机。该舰最多可搭载90架舰载机，但通常情况下仅搭载60架。

• "企业"号舰桥 •

美国"尼米兹"级航空母舰

"尼米兹"级航空母舰（Nimitz Class Aircraft Carrier）是美国海军现役的超级航空母舰，得名于美国海军五星上将切斯特·威廉·尼米兹。在后继的"福特"级服役前，"尼米兹"级是美国乃至全世界最大的军舰。

所有"尼米兹"级航空母舰都采用核动力推进，装备4座升降机、4座蒸汽弹射器和4道拦阻索，可以每20秒弹射出一架作战飞机。舰载作战联队中的机型配备根据作战任务性质的不同也有所不同，可搭载不同用途的舰载飞机对敌方飞机、船只、潜艇和陆地目标发动攻击，并保护海上舰队。以它为核心的战斗群通常由4～6艘巡洋舰、驱逐舰、潜艇和补给舰船构成。

> **TIPS**
> "尼米兹"级的前三艘和后七艘的规格略有不同，因此也有人将后七艘称为"罗斯福"级。不过，美国海军官方对这两种舰的构型并不做区别，一律称呼为"尼米兹"级。

舰员：水兵×3200、海军航空兵×2480

自卫武器：八联装MK25"海麻雀"导弹发射装置×3、MK15"密集阵"近防系统×4

舰载机：F/A-18"大黄蜂"战斗/攻击机×36、E-2C"鹰眼"空中预警机×5、SH-60F"海鹰"直升机×6

·"尼米兹"级航空母舰结构图·

·"卡尔·文森"号舰桥特写·

·载满舰载机的"尼米兹"级航空母舰·

·右侧方视图·

美国"福特"级航空母舰

"杰拉德·R.福特"级航空母舰（Gerald R. Ford Class Aircraft Carrier）是美国正在建造的最新一级航空母舰，通常简称为"福特"级。该级舰是以目前美国海军主力的"尼米兹"级航空母舰的基本概念为蓝本进一步改良而成的新舰级。这样的渐进式改良方法，有助于大幅度降低新一代航空母舰的设计费用。

"福特"级航空母舰配备了4座电磁弹射器和先进降落拦截系统（含3道拦截索和1道拦截网），比传统拦阻索和蒸汽弹射器的效率更高（由原先每天120架次增加到每天160架次），甚至能起降无人飞机。该级舰有2座机库、3座升降台，配合加大的飞行甲板，能够大幅提升战机出击率。改良的武器与物资操作设计，能在舰上更有效地运送、调度弹药或后勤物资，大幅提升了后勤效率。

·准备下水的"福特"号·

CHAPTER 02 航空母舰

俄罗斯"莫斯科"级航空母舰

■"莫斯科"级航空母舰侧后方视角

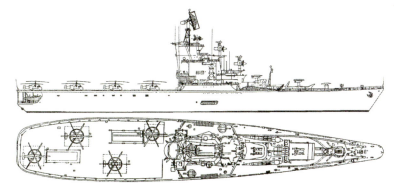

· "莫斯科"级航空母舰结构图 ·

"莫斯科"级航空母舰（Moskva Class Aircraft Carrier）是苏联第一代航空母舰，主要用来应对美国"北极星"弹道导弹核潜艇。该级舰由黑海尼古拉耶夫造船厂建造，首舰"莫斯科"号于1962年开工，1964年下水，1976年服役，部署于黑海舰队。

"莫斯科"级航空母舰采用混合式舰型，舰前半部为典型的巡洋舰布置，舰后半部则为宽敞的直升机飞行甲板，苏联自称为"反潜巡洋舰"。该级舰的前甲板布满了各式武器系统，其中大部分为反潜武器。舰首有2部RBU-6000反潜火箭发射器，其后为1部SUW-N-1反潜导弹发射器，再后为2部SA-N-3防空导弹发射器，舰桥两侧另有2座57毫米两用炮。

俄罗斯"基辅"级航空母舰

"基辅"级航空母舰（Kiev Class Aircraft Carrier）是苏联第一种可以起降固定翼飞机的航空母舰，苏联也称其为"战术航空巡洋舰"或"航空巡洋舰"。

与美英航空母舰不同，"基辅"级航空母舰本身集火力与重型武装于一身，对舰载机依赖性较小。前甲板有重型舰载导弹装备，可对舰、对潜、对空进行攻击，是标准的巡洋舰武装。而左侧甲板则搭载12架雅克-38战斗机，以及21架卡-25或卡-27直升机（多数用于反潜，少数用于超视距引导）。遗憾的是，由于左侧甲板过短，雅克-38战斗机实际上只能垂直起降，对甲板破坏极大，加上事故频发，最终被迫下舰，使"基辅"级实际上又沦为直升机航空母舰。

■ "基辅"级航空母舰侧前方视角

·"基辅"级航空母舰侧面视角·

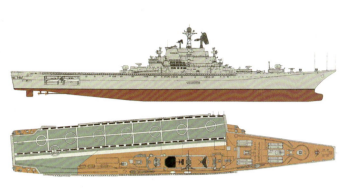
·"基辅"级航空母舰结构图·

CHAPTER 02　航空母舰　25

俄罗斯"库兹涅佐夫"号航空母舰

"库兹涅佐夫"号航空母舰（Admiral Kuznetsov Aircraft Carrier）是俄罗斯目前唯一的航空母舰，也是世界上除美国"尼米兹"级以外唯一的大型航空母舰。该舰于1983年2月22日开工建造，1991年1月加入俄罗斯北方舰队服役，直到1993年才接收舰载机。

与西方航空母舰相比，"库兹涅佐夫"号航空母舰的定位有所不同，俄罗斯称之为"重型航空巡洋舰"，十分强调其单舰作战能力，因此"库兹涅佐夫"号航空母舰本身就具有很强的对海、对空、反潜武装，即使在没有军舰护航的情形下仍具有强大的攻防能力，这不仅缩小了航母编队的规模，减少了维护成本，而且也更适合于中近海的空中火力支援。

舰员：水兵×1690、海军航空兵×626

自卫武器：AK-630防空炮×8、CADS-N-1"卡什坦"近防系统×8、P-700"花岗岩"反舰导弹发射装置×12、八联装3K95"匕首"防空导弹发射装置×18、RBU-12000反潜火箭发射装置×2

舰载机：苏-33"海侧卫"战斗机×14、米格-29"支点"战斗机×20、卡-27"蜗牛"直升机×17、苏-25"蛙足"攻击机×4

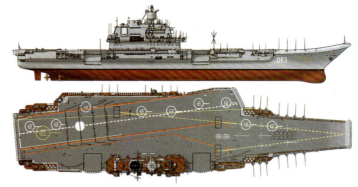

• "库兹涅佐夫"号航空母舰结构图 •

■"库兹涅佐夫"号航空母舰侧前方视角

■左舷视角

·前方视角·

■"库兹涅佐夫"号上的苏-33"海侧卫"战斗机

英国"无敌"级航空母舰

"无敌"级航空母舰（Invincible Class Aircraft Carrier）是英国建造的轻型航空母舰，首舰和二号舰都曾担任过英国皇家海军的旗舰。

"无敌"级航空母舰的上层建筑集中于右舷侧，里面布置有飞行控制室、各种雷达天线、封闭式主桅和前后2个烟囱。飞行甲板下面设有7层甲板，中部设有机库和4个机舱。机库高7.6米，占有3层甲板，长度约为舰长的75%，可容纳20架飞机，机库两端各有一部升降机。该级舰的最大特点是应用了"滑跃"跑道，可在载重量不变的情况下令舰载机滑跑距离减少60%，使航空母舰这一舰种进入了不依赖弹射装置便可以起降舰载战斗机的新时期。该级舰还首次采用了全燃气轮机动力装置，动力装置为4台劳斯莱斯"奥林巴斯"蒸汽涡轮机。

■ "无敌"级航空母舰侧前方视角

·"无敌"级航空母舰结构图·

■ "无敌"级航空母舰侧面视角

英国"伊丽莎白女王"级航空母舰

• "伊丽莎白女王"级航空母舰概念图 •

• 建造中的"伊丽莎白女王"号 •

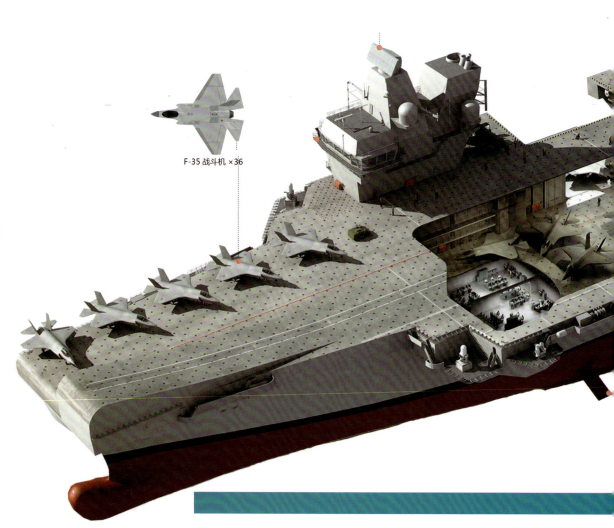

F-35 战斗机 ×36

"伊丽莎白女王"级航空母舰（Queen Elizabeth Class Aircraft Carrier）是英国海军最新型的航空母舰，用于替代退役的"无敌"级航空母舰，首舰于 2017 年 12 月开始服役。

　　"伊丽莎白女王"级航空母舰是英国有史以来建造的最大的军舰，首创"滑跃"甲板结合"电磁弹射器"的新概念，主力 F-35 舰载战斗机使用弹射方式升空，可大幅增加该机的机身载重。该级舰的外观线条大幅简化，圆滑形舰首、前舰岛上方的整流罩均有助于降低风阻。由于预算不足，目前"伊丽莎白女王"级航空母舰并未采用昂贵的核反应堆作为动力来源，而是采用两台劳斯莱斯 MT30 燃气涡轮机。该级舰的主要自卫武器为 3 座"密集阵"近防系统，另有若干小口径机炮。

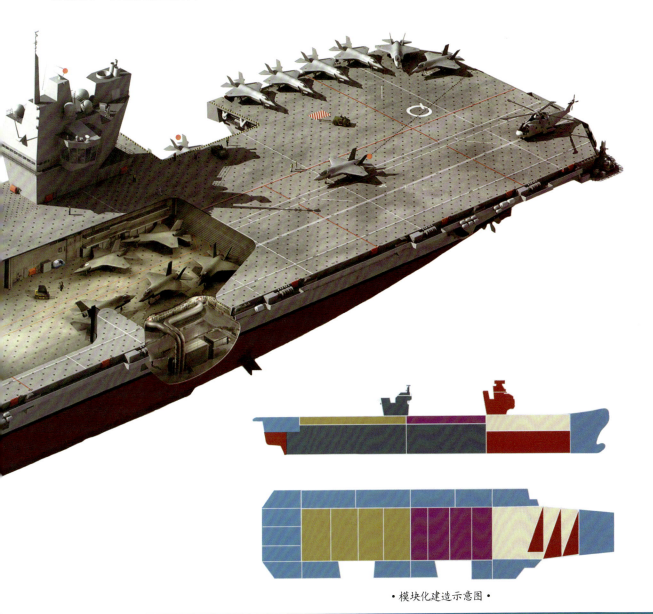

· 模块化建造示意图 ·

CHAPTER 02　航空母舰　31

法国"克莱蒙梭"级航空母舰

"克莱蒙梭"级航空母舰（Clemenceau Class Aircraft Carrier）是法国自行建造的第一级航空母舰。该舰一共建造了 2 艘，其中二号舰"福煦"号于 2000 年售予巴西海军并改名为"圣保罗"号。

"克莱蒙梭"级航空母舰属于传统式设计，拥有倾斜度 8 度的斜形飞行甲板、单层装甲机库，以及法国自行设计的镜面辅助降落装置，2 部升降机，2 座弹射器。该级舰曾是世界上唯一能起降固定翼飞机的中型航空母舰，主要装载 10 架 F-8 "十字军"战斗机、16 架"超军旗"攻击机、3 架"军旗Ⅳ"攻击机、7 架"贸易风"反潜机和 4 架"云雀Ⅲ"直升机。

■ "福煦"号航空母舰舰首视角

• "克莱蒙梭"级航空母舰结构图 •

■ "福煦"号航空母舰侧前方视角

法国"夏尔·戴高乐"号航空母舰

"夏尔·戴高乐"号航空母舰（Charles De Gaulle Aircraft Carrier）舷号 R91，是法国目前仅有的一艘航空母舰，也是有史以来唯一一艘不属于美国海军的核动力航空母舰，简称为"戴高乐"号。

与美国的核动力航空母舰一样，"戴高乐"号航空母舰也采用了斜向飞行甲板，而不是采用欧洲航空母舰常见的"滑跃"甲板设计。该舰还是历史上第一艘在设计时加入了隐身性能考虑的航空母舰。由于吨位仅有美国同类舰艇的一半，所以"戴高乐"号航空母舰配备了 2 座弹射器，而美军的核动力航空母舰通常为 4 座。另外，舰载机容量也只有美国同类舰艇的一半（约 40 架）。该舰的自卫武器为 4 座八联装"席尔瓦"垂直发射系统（可发射"紫菀"导弹）、2 座六管"萨德哈尔"防空自卫系统（可发射"西北风"导弹）和 8 座 20 毫米 F2 型近防炮。

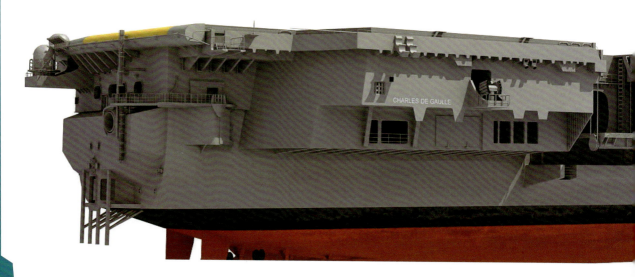

·"戴高乐"号航空母舰舰首视角·

·侧前方视角·

意大利"朱塞佩·加里波第"号航空母舰

"朱塞佩·加里波第"号航空母舰（Giuseppe Garibaldi Aircraft Carrier）舷号C551，是意大利海军第一艘轻型航空母舰，简称为"加里波第"号。

"加里波第"号航空母舰武器配置齐全，反舰、防空及反潜三者兼备，既可作为航空母舰编队的指挥舰，又可单独行动。其动力系统采用体积小、重量轻、功率大、启动快、操纵灵活的燃气轮机，航速达30节/时，而且机动性极强，从静止状态到全功率状态只需3分钟。该舰的标准载机方式是8架AV-8B"鹞Ⅱ"战斗机和8架SH-3D"海王"直升机，在特殊情况下，也可只搭载16架AV-8B或18架SH-3D。防空自卫系统（可发射"西北风"导弹）和8座20毫米F2型近防炮。

• 俯瞰"加里波第"号航空母舰 •

TIPS

二战前，意大利由于战略思想的原因始终拒绝发展航空母舰。二战后，国力日衰的意大利虽有心建造航空母舰，却没有足够的财力支持。直到20世纪70年代中期，意大利海军才首次提出建造1艘"载机巡洋舰"的建议，该计划最终导致了轻型航空母舰"加里波第"号的诞生。

空母舰

• "加里波第"号航空母舰结构图 •

■ 侧面视角

■ "加里波第"号航空母舰侧前方视角

意大利"加富尔"号航空母舰

"加富尔"号航空母舰（Cavour Aircraft Carrier）舷号C550，是意大利于21世纪初建造的新一代航空母舰。其名称是为了纪念1861年下令组建意大利海军的意大利总理加富尔。

"加富尔"号航空母舰使用全通飞行甲板，采用英国"无敌"号航空母舰的"滑跃"跑道设计。其飞行甲板长220米、宽34米，起飞跑道长度180米、宽14米，斜坡甲板倾斜度为12度。舰载机的停放区位于跑道旁边，可停放12架EH-101舰载直升机或8架AV-8B或F-35固定翼舰载机。其甲板上有6个直升机起降区，可以起降中型直升机。此外，该舰还能运输车辆和登陆艇。

■ 港口中的"加富尔"号航空母舰

· "加富尔"号航空母舰结构图 ·

■ "加富尔"号航空母舰侧前方视角

西班牙"阿斯图里亚斯亲王"

"阿斯图里亚斯亲王"号航空母舰（Principe de Asturias Aircraft Carrier）舷号R11，是西班牙历史上第一艘自行建造的航空母舰，由西班牙巴赞造船厂建造。1982年，西班牙国王胡安·卡洛斯一世和王后见证了该舰的下水仪式。此后，由于需要增加"特里坦"数字指挥控制系统，原来的系统设计必须大幅更改，因此直至1988年5月该舰才正式服役。

由于飞行甲板只有175.3米长，因此，"阿斯图里亚斯亲王"号也采用了"滑跃"跑道设计。该舰有几个独特之处：一是飞行甲板在主甲板之上，从而形成敞开式机库，这在二战后的航空母舰中是绝无仅有的；二是动力系统只采用2台燃气轮机，并且是单轴单桨，这在现代航空母舰中同样是独一无二的；三是机库面积达2,300平方米，比其他同型航空母舰多出70%，接近法国中型航空母舰的水平。

■ "阿斯图里亚斯亲王"号航空母舰舰首视角

号航空母舰

• "阿斯图里亚斯亲王"号航空母舰结构图 •

■ 航行中的"阿斯图里亚斯亲王"号航空母舰

泰国"查克里·纳吕贝特"

"查克里·纳吕贝特"号航空母舰（HTMS Chakri Naruebet Aircraft Carrier）是泰国海军目前唯一的航空母舰，通常简称为"纳吕贝特"号。该舰由西班牙巴赞造船厂建造，与西班牙海军"阿斯图里亚斯亲王"号航空母舰为同级舰。

"纳吕贝特"号借鉴了"阿斯图里亚斯亲王"号的设计方式，但在多项战术技术性能上有了显著的提高。该舰的满载排水量比"阿斯图里亚斯亲王"号缩小了近1/3，而载机量仅减少1/4，单位排水量的载机率有所提高。外形上，"纳吕贝特"号更为美观，柱状桅紧靠烟囱，岛式上层建筑有所延长。该舰的飞行甲板也采用了"滑跃"跑道设计方式，甲板首部斜坡上翘12度。为了提高耐波性，"纳吕贝特"号在舱部安装了展翼型防摇龙骨，并装设了两对液压自动控制的减摇鳍。

■ "纳吕贝特"号航空母舰（上）与美国"小鹰"号航空母舰（下）并排航行

号航空母舰

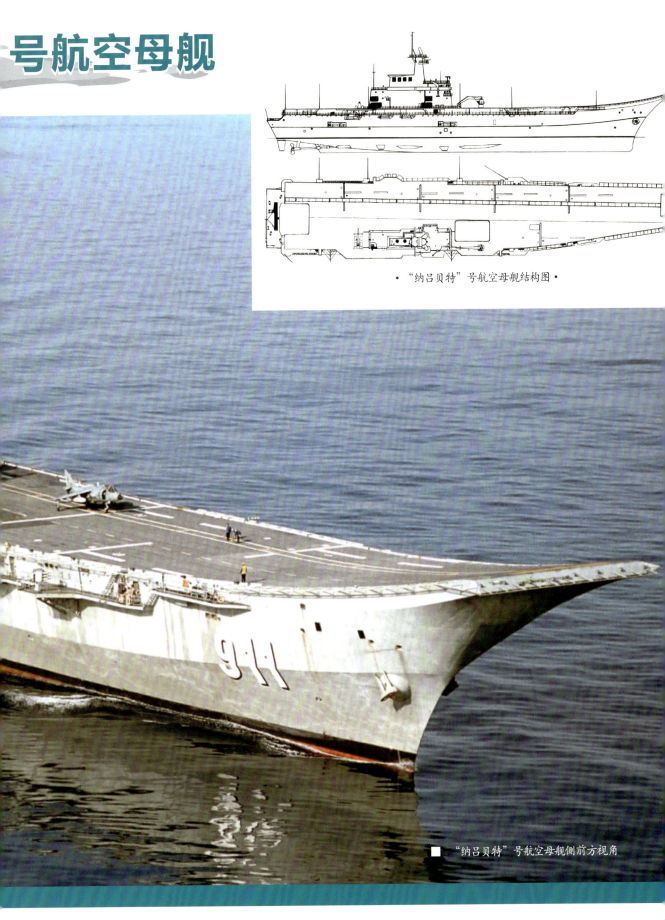

• "纳吕贝特"号航空母舰结构图 •

■ "纳吕贝特"号航空母舰侧前方视角

巴西"圣保罗"号航空母舰

"圣保罗"号航空母舰（Sao Paulo Aircraft Carrier）舷号A12，原是法国"克莱蒙梭"级航空母舰的二号舰"福煦"号，巴西海军于2000年购入后进行改造并改名。

"圣保罗"号航空母舰具有与美国大型航空母舰相同的斜角甲板和相应设备。该舰的飞行甲板分为两个部分：一部分是舰首的轴向甲板，长90米，设有一部BS5蒸汽弹射器，可供飞机起飞；另一部分是斜角甲板，长163米、宽30米，甲板斜角为8度，设有一部BS5蒸汽弹射器和4道拦阻索，既可供飞机起飞，又可供飞机降落。在右舷上层建筑前后各有一部升降机。此外，该舰的机库总面积为4320平方米，被分隔为3个库区。

•航行中的"圣保罗"号航空母舰•

·"圣保罗"号航空母舰结构图·

CHAPTER 02 航空母舰

印度"维拉特"号航空母舰

· "维拉特"号航空母舰结构图 ·

"维拉特"号航空母舰(INS Viraat Aircraft Carrier)，舷号 R22，原是英国"人马座"级航空母舰的四号舰"竞技神"号，1986 年连同舰上使用的 12 架"海鹞"垂直/短距起降战斗机一起转售给印度。为遵循印度航空母舰命名(通常使用抽象术语)的传统，印度海军将"竞技神"号改名为"维拉特"号，寓意为"只有强者才能称霸海洋"。

"维拉特"号经过了多次改装，现在以反潜、制空和指挥功能为主。该舰前部设有宽 49 米的直通型飞行甲板，有 12 度的滑跃角，上升的斜坡长度为 46 米，可使舰载机能在较短的距离内滑跃升空。"维拉特"号的飞行甲板上共设有 7 个直升机停放区，可供多架直升机同时起降。实际作战时，可将"海鹞"搭载量增至 30 架，但不能全部进入机库。

• "维拉特"号搭载的"海鹞"垂直/短距起降战斗机准备起飞 •

印度"维兰玛迪雅"号航空母舰

"维兰玛迪雅"号航空母舰（INS Vikramaditya Aircraft Carrier）舷号 R21，原本是俄罗斯"基辅"级航空母舰的四号舰"戈尔什科夫海军上将"号。1994 年，"戈尔什科夫海军上将"号发生锅炉爆炸事故，当时的俄罗斯海军无钱维修而决定出售。2009 年 12 月，印度与俄罗斯以 23 亿美元的价格达成协议。

与美国航空母舰竭力腾出空间停放飞机的设计理念不同，苏联"基辅"级的甲板面积中仅 60% 用以飞机起飞停放，其飞行甲板长 195 米，宽 20.7 米。"戈尔什科夫海军上将"号卖给印度后，改造重点是将舰首的武器全部拆除，把它变成"滑跃"甲板以便米格 -29K 舰载机起飞。斜向甲板加上了 3 条阻拦索，以便米格 -29K 顺利降落。此外，飞行甲板面积有所增大，已损坏的锅炉换为柴油发动机。整体来说，改造后的"维兰玛迪雅"号是一艘缩小版的"库兹涅佐夫"级航空母舰。

俯瞰"维兰玛迪雅"号航空母舰

印度"维克兰特"级航空母舰

■ 建造中的"维克兰特"级航空母舰

· 未完工的"维克兰特"级航空母舰·

· "维克兰特"级航空母舰结构图·

"维克兰特"级航空母舰（Vikrant Class Aircraft Carrier）是印度自行研制的第一级航空母舰，舰名是为了纪念印度从英国采购的第一艘航空母舰。

"维克兰特"级航空母舰的舰体长260米，宽60米，高度相当于14层建筑物，共有5层甲板，最上层为飞行甲板，其次是机库甲板，下面还有两层甲板和底层的支撑甲板。飞行甲板上设有2条约200米长的跑道，一条为专供飞机起落的"滑跃"跑道，另一条为装备有3个飞机制动索的着陆跑道。该航空母舰最多可搭载30架舰载机，其中17架可存放在机库内。根据各国军工企业发布的公开信息，"维克兰特"级航空母舰的燃气轮机、螺旋桨、升降机、相控阵雷达、指挥控制系统、卫星通信、惯性导航、电子对抗等关键部分都是"舶来品"。

日本"日向"级直升机护卫舰

"日向"级直升机护卫舰（Hyuga Class Helicopter Frigate）是日本于21世纪初建造的直升机护卫舰，拥有与他国海军直升机航空母舰乃至于轻型航空母舰接近的舰体构造、功能与吨位。在后续的"出云"级直升机护卫舰问世前，"日向"级直升机护卫舰是日本在二战结束后建造的排水量最大的军舰，其排水量甚至超过了目前世界上多艘轻型航空母舰。

· "日向"级直升机护卫舰结构图 ·

"日向"级直升机护卫舰采用全通式甲板设计方式，可以起降直升机或垂直起降飞机，具有一定的轻型航空母舰特征。不过，"日向"级直升机护卫舰暂时没有安装起降普通固定翼飞机的"滑跃"式甲板或弹射装置。该舰的主要任务定位在直升机反潜战，其装备的指挥管制系统仅在必要时作为舰队旗舰指挥之用。"日向"级直升机护卫舰最多可搭载11架直升机，舰上装有16管MK41垂直发射系统（可装16枚ESSM防空导弹）和2座密集阵快炮。

■ 高速航行中的"日向"级直升机护卫舰

日本"出云"级直升机护卫舰

"出云"级直升机护卫舰（Izumo Class Helicopter Frigate）是日本新一代直升机护卫舰，从吨位、布局到功能都已完全符合现代轻型航空母舰的特征。该舰计划建造2艘，首舰于2015年3月开始服役。

"出云"级虽然仍保持"直升机护卫舰"的定位，但其尺寸和排水量已超过了日本二战时期的部分正规航空母舰，也超过了目前意大利、泰国等国装备的轻型航空母舰水平。"出云"级直升机护卫舰至少可搭载20架直升机，主要是SH-60K"海鹰"反潜直升机。作为远洋反潜作战编队的旗舰，"出云"级护卫舰在加入现役的"十·九"舰队后，将反潜战斗力提升了一倍，覆盖的海域也随之增加了数倍。

"出云"级直升机护卫舰侧面视角

·"出云"级直升机护卫舰结构图·

·"出云"级直升机护卫舰正面视角·

CHAPTER

03

巡洋舰

巡洋舰是一种火力强、用途广,主要在远洋活动的大型水面舰艇。二战后,随着海军航空兵的崛起,巡洋舰的地位日渐衰落。时至今日,世界各国均已不再建造新的巡洋舰,它们的作用完全被驱逐舰所代替,不过仍有一些巡洋舰在少数国家海军服役。

美国"克利夫兰"级巡洋舰

"克利夫兰"级巡洋舰（Cleveland Class Cruiser）是美国在二战中参战最多的巡洋舰，其在设计上吸取了欧洲战区的实战经验，增大了航程和防空火力，以提高战舰的整体战斗力。该舰一共建造了 27 艘，其中 3 艘在二战后建成服役。二战后，"克利夫兰"级巡洋舰持续服役到 20 世纪 70 年代末期。

"克利夫兰"级巡洋舰属于轻型巡洋舰，使用了先进的独立防水隔舱，因而在对鱼雷、水雷的防护方面比较优秀，再加上火力强大，因此，该级舰经常作为快速航母编队的成员参加战斗。该级舰装有 4 座三联装 MK16 型 152 毫米舰炮、6 座双联装 MK12 型 127 毫米舰炮、12 门 40 毫米"博福斯"高射炮和 20 门 20 毫米"厄利空"机炮。在二战中，"克利夫兰"级巡洋舰没有一艘被击沉，足见其设计之优秀。

• "克利夫兰"级巡洋舰结构图 •

■ "克利夫兰"级巡洋舰舰首

■ "克利夫兰"级巡洋舰侧前方视角

美国"巴尔的摩"级巡洋舰

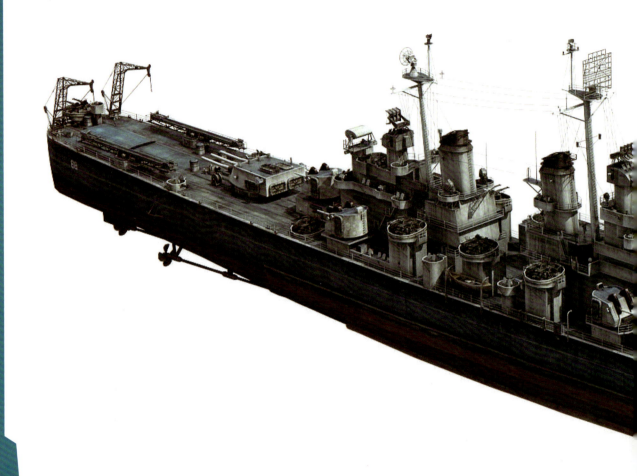

■ 改装后的"巴尔的摩"级巡洋舰发射导弹

■ "巴尔的摩"级巡洋舰侧前方视角

"巴尔的摩"级巡洋舰（Baltimore Class Cruiser）是美国在二战中建造的重型巡洋舰，共建造了14艘。由于战争初期美军优先建造轻型巡洋舰，"巴尔的摩"级巡洋舰的建造工作受到影响，首舰"巴尔的摩"号直到1943年4月才正式服役。

"巴尔的摩"级巡洋舰舰体庞大、火力较强，其防空能力仅次于当时美国的快速战列舰，因此该级舰服役后，经常执行快速航母舰队的护航任务。"巴尔的摩"级巡洋舰装有3座三联装203毫米主炮（2座向前，1座向后）、6座双联装127毫米副炮、48门40毫米"博福斯"高射炮和24门20毫米"厄利空"机炮，并可搭载4架OS2U"翠鸟"水上侦察机。二战期间，"巴尔的摩"级巡洋舰的损失极小，仅"堪培拉"号在1945年被一枚航空鱼雷命中而受损。二战后，部分"巴尔的摩"级巡洋舰被改装为导弹巡洋舰，可发射"狻犬"（Terrier）防空导弹。

美国"俄勒冈城"级巡洋舰

"俄勒冈城"级巡洋舰（Oregon City Class Cruiser）是在美国"巴尔的摩"级巡洋舰基础上改进而来的重型巡洋舰，共有 10 艘"巴尔的摩"级巡洋舰的舰体被移作"俄勒冈城"级舰的建造，但只建成 4 艘，均在二战后完工。

在舰体设计上，"俄勒冈城"级巡洋舰沿用了"巴尔的摩"级巡洋舰的外形设计方式，两者极为相似，但"俄勒冈城"级巡洋舰的设计更为紧凑，去掉了后烟囱。该舰的标准排水量为 13660 吨，四轴推进，最大航速可达 33 节。"俄勒冈城"级巡洋舰的主炮为 3 座三联装 203 毫米炮，副炮为 6 座双联装 MK12 型 127 毫米高平两用炮，另外，还有 48 门 40 毫米"博福斯"高射炮和 20 门 20 毫米"厄利空"机炮。

■ "俄勒冈城"级巡洋舰侧前方视角

美国"德梅因"级巡洋舰

· "德梅因"级巡洋舰前方视角 ·

· "德梅因"级巡洋舰后方视角 ·

"德梅因"级巡洋舰（Des Moines Class Cruiser）是美国最后一级，也是设计最精良的一级火炮巡洋舰。该级舰原计划建造12艘，但因为日本迅速失败，美军造舰计划大幅调整，最后只有3艘完工，且全部在二战后才开始服役。

"德梅因"级巡洋舰安装了美国研制的MK16型203毫米速射主炮，提高了巡洋舰在狭窄海域内的使用效能。MK16型舰炮是美国海军首次研发的采用自动装弹机的舰炮，火炮俯仰和旋转都是电力驱动，可以在任意角度装弹。"德梅因"级巡洋舰共装有9门MK16型舰炮，分别安装在3个三联装炮塔内。该级舰的副炮采用美军制式MK12型127毫米38倍口径高平两用炮，全舰共装备6座双联装炮塔和4座MK37型射击指挥仪。4座副炮对称布置在两舷，2座沿舰体中心线布置。除此之外，"德梅因"级巡洋舰还装有24门76毫米防空炮和12门20毫米"厄利空"机炮。在动力装置方面，"德梅因"级巡洋舰采用2组通用电气公司的涡轮机和4台威尔考克斯公司的锅炉，四轴推进。

美国"北安普敦"号巡洋舰

■ 正在接受海上补给的"北安普敦"号巡洋舰(右)

"北安普敦"号巡洋舰（USS Northampton Cruiser）舷号 CLC-1，是美国于 20 世纪 60 年代建造的用于核战指挥的巡洋舰，原本是"俄勒冈城"级巡洋舰的第 4 艘，因二战结束而停工。1947 年，美国重新开始了大规模的扩军备战。"北安普敦"号巡洋舰被作为一艘专业旗舰开始重新设计，1948 年 7 月工程重新启动，1951 年 1 月顺利下水。

经过重新设计的"北安普敦"号巡洋舰是一艘现代化的指挥舰，二战时期为巡洋舰设计的三联装 203 毫米主炮被撤销，配备了用于防空的新型 127 毫米 MK30 型舰炮。此外，该舰还装有 48 门 40 毫米"博福斯"高射炮和 24 门 20 毫米"厄利空"机炮。"北安普敦"号巡洋舰是美国迄今为止唯一一艘用于核战指挥的巡洋舰，被誉为"海上移动的国防部"，在美国海军中具有独特地位。该舰虽然主要依靠舰队的保护，但自身也采取了当时相当先进的安全防护措施，特别是完善的三防性能，可以保证该舰在核生化条件下独自进行核战指挥。

■ "北安普敦"号巡洋舰侧前方视角

美国"长滩"号巡洋舰

"长滩"号巡洋舰（USS Long Beach Cruiser）舷号 CGN-9，是美国建造的世界上第一艘核动力水面战斗舰艇，该舰于 1959 年开工建造，1961 年建成服役，1972 年在维修时更换了核反应堆，1980 年 10 月至 1983 年 3 月进行了现代化改装。

"长滩"号巡洋舰的武器原以防空为主，以 RIM-2 中程防空导弹和 RIM-8 长程防空导弹为主干，其他装备有反潜导弹、反潜鱼雷、舰炮等，现代化改装后加装了"密集阵"系统、"战斧"巡航导弹、"鱼叉"反舰导弹，使火力更加充足，应付目标更多元化。动力系统采用 2 座压水反应炉，2 台大型蒸汽涡轮发动机，总功率 60 兆瓦，由双轴双舵推进。

■ "长滩"号巡洋舰侧前方视角

· "长滩"号巡洋舰结构图 ·

· "长滩"号巡洋舰侧面视角 ·

CHAPTER 03 巡洋舰 69

美国"莱希"级巡洋舰

"莱希"级巡洋舰(Leahy Class Cruiser)是美国于20世纪50年代末开始建造的导弹巡洋舰,首舰"莱希"号于1959年12月动工,1961年7月下水,1962年8月服役。该舰作为舰母编队的组成部分之一,其首要使命是防空作战,其次是反潜,同时可用于支援两栖作战。

"莱希"级巡洋舰的火力较强,对空、对舰和反潜武器一应俱全。该级舰装有2座四联装"鱼叉"反舰导弹发射装置、2座MK10型SM-2ER"标准"防空导弹发射装置、1座八联装MK16"阿斯洛克"反潜导弹发射装置,同时在舰中部两侧还装备了2座MK32型鱼雷发射装置。此外,设有2座30毫米"密集阵"近程防御武器系统。

• 首舰"莱希"号前方视角 •

■ "莱希"级巡洋舰侧面视角

美国"班布里奇"号巡洋舰

■ "班布里奇"号巡洋舰侧面视角

"班布里奇"号巡洋舰（USS Bainbridge Cruiser）舷号 CGN-25，是美国于 20 世纪 50 年代末建造的核动力巡洋舰，它是继"长滩"号巡洋舰、"企业"号航空母舰之后的美国第 3 艘核动力军舰，也是世界上最小的核动力水面战舰。

"班布里奇"号巡洋舰装有较强的武器装备和电子设备：3 座四联装"鱼叉"舰对舰导弹、2 座双联装 MK10 型"标准"ER 中程舰对空导弹（配备导弹 80 发）、1 座八联装 MK16"阿斯洛克"反潜导弹、2 座三联装 324 毫米 MK32 型鱼雷发射管、2 座"密集阵"近程防御武器系统，多部对海、对空、火控和导航雷达，以及球鼻艏 SQQ23 型声呐和 WSC3 型卫星通信系统。

· "班布里奇"号巡洋舰结构图 ·

· "班布里奇"号巡洋舰（右）与"中途岛"号航空母舰（左）·

美国"贝尔纳普"级巡洋舰

"贝尔纳普"级巡洋舰（Belknap Class Cruiser）是美国于20世纪60年代建造的导弹巡洋舰，首舰"贝尔纳普"号于1962年2月开工建造，1964年11月服役。最初，美国海军将该级舰定位为导弹护卫舰，从1975年6月30日起改称为导弹巡洋舰。

"贝尔纳普"级巡洋舰武器装备精良，共有2座四联装"鱼叉"导弹、1座双联MK10型导弹发射架、2座"密集阵"近程武器系统、1门127毫米舰炮以及箔条式干扰火箭发射器。该级舰的电子设备性能也十分先进，有多部对空、对海雷达及电子战系统等。此外，舰上还搭载有1架"拉姆普斯"反潜直升机。

■ 二号舰"约瑟夫斯·丹尼尔斯"号

■ 九号舰"比德尔"号

■ 五号舰"霍恩"号

美国"特拉克斯顿"号巡洋舰

"特拉克斯顿"号巡洋舰（USS Truxtun Cruiser）舷号 CGN-35，是美国海军第四代核动力水面战舰，1963 年 6 月开工建造，1964 年 12 月下水，1967 年 5 月建成服役。

"特拉克斯顿"号巡洋舰属于"贝尔普纳"级常规动力巡洋舰的核动力型，二者总体布局基本相同。"特拉克斯顿"号巡洋舰采用 1 座双联装 MK10 型导弹发射装置，可发射"标准"舰对空导弹和"阿斯洛克"反潜导弹。该舰取消了"贝尔普纳"级巡洋舰装备的 76 毫米舰炮，取而代之的是 2 座四联装"鱼叉"反舰导弹发射装置。"特拉克斯顿"号巡洋舰以导弹攻击为主，全舰主战火炮只有前甲板的 1 门 127 毫米单管舰炮。除此之外，还有 2 座"密集阵"近程防御武器系统和 2 座双联装 324 毫米鱼雷发射管。

· 停泊在港口中的"特拉克斯顿"号巡洋舰 ·

美国"加利福尼亚"级巡洋舰

"加利福尼亚"级巡洋舰（California Class Cruiser）是美国于20世纪70年代建造的导弹巡洋舰，共有2艘。首舰"加利福尼亚"号于1970年1月铺设龙骨，1971年9月建成下水，1974年2月正式入役。

作为一种多用途巡洋舰，"加利福尼亚"级巡洋舰的武器装备众多，共有2座四联装"鱼叉"舰对舰导弹发射装置、2座SM-1MR"标准"舰空导弹发射装置、1座八联装MK16型"阿斯洛克"反潜导弹发射装置、2座MK32型三联装反潜鱼雷发射管、2套20毫米MK15型"密集阵"近程防御武器系统，以及MK36型箔条火箭发射架。该级舰装有多部对空、对海搜索雷达，多套指挥控制系统。舰上还设有直升机起降平台，可搭载SH-2"海王"直升机或CH-46"海骑士"直升机。

· "加利福尼亚"级巡洋舰结构图 ·

■ 侧面视角

· 高速航行的"加利福尼亚"号 ·

· 俯瞰"加利福尼亚"级巡洋舰 ·

美国"弗吉尼亚"级巡洋舰

"弗吉尼亚"级巡洋舰（Virginia Class Cruiser）是美国于20世纪70年代建造的核动力导弹巡洋舰，原计划建造11艘，因造价昂贵，最终只建成了4艘。

"弗吉尼亚"级巡洋舰的反舰武器主要是反舰型"战斧"导弹，辅助反舰武器为"鱼叉"反舰导弹，此外，还有2座127毫米舰炮。在防空方面，该级舰主要依靠2座双联装MK26导弹发射装置，可发射"标准2"防空导弹。近程防御方面，装备了著名的"密集阵"近防系统。反潜方面，该级舰主要依靠MK26导弹发射装置发射"阿斯洛克"反潜导弹，备弹24枚。辅助反潜设备为2座三联装MK32反潜鱼雷发射器。此外，该级舰还可搭载2架直升机。

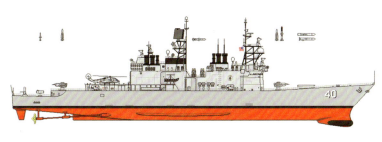

·"弗吉尼亚"级巡洋舰结构图·

·俯瞰"弗吉尼亚"级巡洋舰·

CHAPTER 03 巡洋舰 81

美国"提康德罗加"级巡洋舰

"提康德罗加"级巡洋舰（Ticonderoga Class Cruiser）是美国第一种配备"宙斯盾"系统的战舰。该级舰原本为导弹驱逐舰，由于美国巡洋舰的陆续退役，1980年1月1日被提升为导弹巡洋舰，成为美国海军唯一的现役巡洋舰。

"提康德罗加"级巡洋舰的武器配置比较全面，涵盖了反潜、反舰、防空和对地4个种类。由于该级舰的主要任务是防空，所以防空能力较为突出，装备了先进的"宙斯盾"防空系统。防空作战主要依靠2座MK41垂直发射系统发射"标准2"导弹（共可装载122枚），近程防御方面则使用2座MK15"密集阵"近程防御武器系统。除此之外，该级舰还装有2门MK45型127毫米舰炮、2门MK38型25毫米机炮、2座四联装"鱼叉"导弹发射器、2座MK32型鱼雷发射管以及20枚RUR-5"阿斯洛克"反潜火箭，并可搭载2架SH-60直升机。

■ 俯瞰"提康德罗加"级巡洋舰

• 高速航行的"提康德罗加"级巡洋舰 •

• "提康德罗加"级巡洋舰发射导弹 •

TIPS

除"汤马斯·盖兹"号之外,其他"提康德罗加"级巡洋舰均采用美国历史上著名的古战场的名称命名,其中,还有至少12艘沿用了美国在二战时期航空母舰的舰名。

俄罗斯"金达"级巡洋舰

"金达"级巡洋舰（Kynda Class Cruiser）是苏联建造的第一代导弹巡洋舰，在1960年至1965年间共建造了4艘。苏联解体后，该级舰在俄罗斯海军中持续服役到21世纪初。

"金达"级巡洋舰的标准排水量为4800吨，舰上装有2座四联装SS-N-3反舰导弹发射器，这种巨大的巡弋导弹射程可达764千米。舰上主要武器还有舰首1座SA-N-1防空导弹双臂发射器、舰尾2座双联装76毫米炮。2座反舰导弹用搜索雷达可同时攻击2个目标。因为该级舰无法搭载直升机，因此"金达"级巡洋舰要依赖其他舰只或直升机为其护航。

• "金达"级巡洋舰结构图 •

俄罗斯"克里斯塔Ⅰ"级巡洋舰

■ "克里斯塔Ⅰ"级巡洋舰(左)正在补充油料

"克里斯塔Ⅰ"级巡洋舰（Kresta Ⅰ Class Cruiser）是苏联继"金达"级巡洋舰后建造的第2种导弹巡洋舰，首舰于1964年7月26日开工，1965年10月17日下水，1967年10月8日服役。该级舰主要用于反舰任务，随着苏联海军优先任务转移到反潜，最终只建造了4艘。后继型号"克列斯塔Ⅱ级"巡洋舰用于执行反潜任务。

"克里斯塔Ⅰ"级巡洋舰的主要武器包括2座双联装SS-N-3B型舰对舰导弹，2部双联装SA-N-1舰对空导弹，2部双联装57毫米舰炮，2部RBU-6000反潜火箭深弹发射器，2部RBU-1000反潜火箭深弹发射器，2部五联装553毫米鱼雷发射器。此外，该级舰还可搭载1架卡-25直升机。

• "克里斯塔Ⅰ"级巡洋舰结构图 •

• "克里斯塔Ⅰ"级巡洋舰（左）及"无畏"级驱逐舰（右）•

俄罗斯"克里斯塔Ⅱ"级巡洋舰

"克里斯塔Ⅱ"级巡洋舰（Kresta Ⅱ Class Cruiser）是苏联在冷战期间建造的导弹巡洋舰，舷号1134A。该级舰由圣彼得堡泽但诺夫船厂建造，于20世纪60年代后期服役，冷战结束后全部快速退役。

"克里斯塔Ⅱ"级巡洋舰由"克里斯塔Ⅰ"级巡洋舰的反潜型改进而来，其装备有新的SS-N-14"火石"反潜导弹、SA-N-3防空导弹及新的声呐系统。"克里斯塔Ⅱ"级巡洋舰的主要武器包括2座四联装SS-N-14反潜导弹，2座双联装SA-N-3舰空导弹（备弹72枚），2座双联装57毫米70倍径AK-725舰炮，4座30毫米AK-630近防武器系统，2座五联装533毫米鱼雷发射管。此外，该级舰还可搭载1架卡-25直升机。

•俯瞰"克里斯塔Ⅱ"级巡洋舰•

•"尤马舍夫"号巡洋舰•

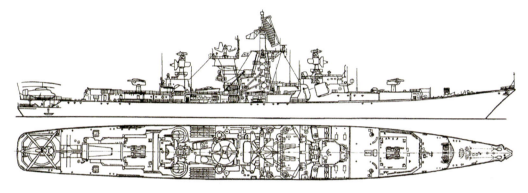
•"克里斯塔Ⅱ"级巡洋舰结构图•

CHAPTER 03 巡洋舰 89

俄罗斯"卡拉"级巡洋舰

"卡拉"级巡洋舰（Kara Class Cruiser）是苏联第一级燃气轮机巡洋舰，该级舰共建造了7艘，首舰"尼古拉耶夫"号于1969年开工，1973年服役。所有同级舰在1980年全部完工，截至2018年9月仍有1艘储备在俄罗斯海军。

"卡拉"级巡洋舰是在"克列斯塔Ⅱ"级巡洋舰的基础上改进而来的，所以外形与后者非常相似。该级舰的首要任务是反潜，因此舰上的反潜武器比较齐全。远程反潜任务由一架卡-25直升机负责，中近程反潜任务则依靠2座四联装SS-N-14远程反潜导弹发射装置。此外，该级舰还装有2座五联装533毫米鱼雷发射管、2座12管RBU-6000反潜深弹发射装置和2座6管RBU-1000反潜深弹发射装置起辅助反潜作用。

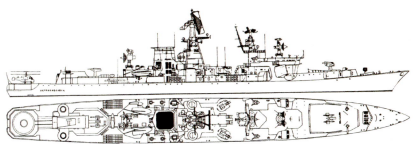

・"卡拉"级巡洋舰结构图・

CHAPTER 03 巡洋舰 91

俄罗斯"基洛夫"级巡洋舰

"基洛夫"级巡洋舰（Kirov Class Cruiser）是苏联于20世纪70年代开始建造的大型核动力巡洋舰，共建造了4艘。苏联解体后，所有同级舰均被重新命名，截至2018年9月仍有1艘在俄罗斯海军服役，1艘正在进行现代化改装。

"基洛夫"级巡洋舰采用的是苏联核动力指挥舰SSV-22的船体，并在舰上安装了大量的武器装备和电子设备，前桅杆上有巨大的雷达组件。上甲板上配置为20枚SS-N-19"花岗岩"反舰导弹，舰体后部有1门130毫米口径AK-130DP多用途双管舰炮。该级舰的防空火力主要由SA-N-6防空导弹、SA-N-9防空导弹、SA-N-4防空导弹和"卡什坦"近防系统组成。"基洛夫"级巡洋舰的外围反潜任务主要依靠3架舰载直升机，使用型号为卡-27或卡-25。

■ "基洛夫"级巡洋舰侧面视角

• "基洛夫"级巡洋舰结构图 •

■ "基洛夫"级巡洋舰高速航行

■ 快速航行的"基洛夫"级巡洋舰

俄罗斯"光荣"级巡洋舰

■ "光荣"级巡洋舰侧前方视角

"光荣"级巡洋舰（Slava Class Cruiser）是苏联研制的常规动力巡洋舰，共建造了3艘，另有2艘因苏联解体而停建。目前，建成的3艘"光荣"级分别隶属于俄罗斯黑海舰队、北方舰队和太平洋舰队。

"光荣"级巡洋舰采用了"三岛式"设计方式，上层建筑分首、中、尾3部分，这种设计利于武器装备和舱室的均衡分布，可提高舰艇的稳定性。"光荣"级巡洋舰被称为缩小型的"基洛夫"级巡洋舰，舰载武器在一定程度上与其相似。该级舰装备了威力强大的SS-N-12反舰导弹作为主要攻击武器，全舰共装有16枚。除此之外，"光荣"级巡洋舰还装有2门130毫米AK-130型舰炮、10座双联装533毫米鱼雷发射管、6座30毫米AK-630M型近防机炮、2座六联装RBU-6000反潜火箭发射器等武器。该级舰还设有一个撑起的直升机平台，其宽度仅为舰宽的一半，可搭载1架卡-25直升机或卡-27直升机。

·俯瞰"光荣"级巡洋舰·

·"光荣"级巡洋舰侧面视角·

·"光荣"级巡洋舰高速航行·

英国"老虎"级巡洋舰

"老虎"级巡洋舰（Tiger Class Cruiser）是英国于20世纪50年代建造的常规动力巡洋舰。首舰"老虎"号于1941年10月开始建造，1945年10月下水，1959年3月正式开始服役。二号舰"狮子"号和三号舰"布莱克"号分别于1960年和1961年服役。1969年，"老虎"号和"布莱克"号被改装为反潜巡洋舰。

"老虎"级巡洋舰的主要武器包括2座双联装152毫米舰炮，3座双联装76毫米舰炮。改装为反潜巡洋舰后，后甲板扩大，主要装备1座双联装152毫米主炮，1座76毫米高平炮，两座双联装533毫米鱼雷发射管，1座"海猫"近程防空导弹。此外，改装后的机库，可搭载1架"海王"直升机。

■ "老虎"级巡洋舰侧前方视角

CHAPTER 03 巡洋舰 97

意大利"安德烈娅·多里亚"级巡洋舰

"安德烈娅·多里亚"级巡洋舰（Andrea Doria Class Cruiser）是意大利于20世纪50年代建造的导弹巡洋舰，原计划建造3艘，最终建成了2艘。

"安德烈娅·多里亚"级巡洋舰用途很广，反潜作战由4架舰载直升机完成；防空任务由远程舰对空导弹系统和舰炮完成，也可作为大型舰队的指挥舰。该级舰装有2座双联装"猎犬"舰对空导弹发射装置，位于舰体前部。其他武器包括8门76毫米"奥托·梅腊拉"舰炮以及2座三联装324毫米鱼雷发射管。

CHAPTER 04

驱逐舰

自19世纪90年代至今，驱逐舰一直是海军的重要舰种。在战列舰退出历史舞台、巡洋舰日渐势微的今天，驱逐舰以其强大的综合作战能力，成为现代海军舰艇中用途最广的一种，在世界各国海军中大放异彩。本章主要介绍冷战以来世界各国建造的经典驱逐舰，包括一些命名不同但职能相似的舰艇。

美国"斯普鲁恩斯"级驱逐舰

"斯普鲁恩斯"级驱逐舰（Spruance Class Destroyer）是美国海军于20世纪70年代建造的大型导弹驱逐舰。其主要任务是为航空母舰特混舰队和海上运输船队护航，在两栖作战和登陆作战中实施火力支援，对敌军水面舰艇和潜艇进行警戒等。

"斯普鲁恩斯"级驱逐舰的主要舰载武器包括：2座MK45-0型127毫米舰炮、2座六管MK15型20毫米"密集阵"近程武器系统、1座四联装RAM舰空导弹发射装置、2座三联装MK32鱼雷发射管，用于发射MK46-5型或MK50型鱼雷；2座"鱼叉"反舰导弹发射装置，备弹8枚。该级舰还可发射"战斧"巡航导弹、"海麻雀"导弹和"阿斯洛克"反潜导弹等，发射装置有多种形式，包括MK41垂直发射系统、四联装MK44装甲箱式发射装置、八联装MK16发射装置和八联装MK29"海麻雀"导弹发射装置等。此外，还装备了4挺12.7毫米机枪。

• "斯普鲁恩斯"级驱逐舰结构图 •

• "斯普鲁恩斯"级驱逐舰侧前方视角 •

• 俯瞰"斯普鲁恩斯"级驱逐舰 •

• "斯普鲁恩斯"级驱逐舰后方视角 •

美国"基德"级驱逐舰

"基德"级驱逐舰（Kidd Class Destroyer）是美国于20世纪70年代后期开始建造的导弹驱逐舰，原本是伊朗向美国订购的驱逐舰，根据伊朗方面的需求，由"斯普鲁恩斯"级的舰体演进而来。根据1974年签订的合约共建造4艘，由美国英格尔斯造船厂建造，首舰于1978年6月开工。就在1979年这4艘驱逐舰完工之际，伊朗因政局变化拒绝接收这4艘驱逐舰。美国海军在伊朗取消合约后于1981年至1982年间装备了该级舰。

"基德"级驱逐舰的舰载武器包括：2座MK45单管127毫米舰炮、2座MK15"密集阵"近程防空系统、2座4管AGM-84"鱼叉"反舰导弹发射器、2座双联装MK26双臂导弹发射器，可发射"标准2"、"小猎犬"防空导弹和"阿斯洛克"反潜导弹、2座三联装鱼雷发射管，可发射MK32鱼雷。此外，还可搭载2架"海鹰"直升机。

■ "基德"级驱逐舰与小艇并排航行

美国"阿利·伯克"级驱逐舰

"阿利·伯克"级驱逐舰（Arleigh Burke Class Destroyer）是美国于20世纪80年代后期开始建造的导弹驱逐舰，也是世界上第一种装备"宙斯盾"系统并全面采用隐形设计的驱逐舰。

"阿利·伯克"级驱逐舰的武器装备、电子装备高度智能化，具有对陆、对海、对空和反潜的全面作战能力。该舰最大的特点就是"宙斯盾"系统，其核心为SPY-1D相控阵雷达，不仅速度快、精度高，而且仅一部雷达就可完成探测、跟踪、制导等多种功能，可以同时搜索和跟踪上百个空中和水面目标。"阿利·伯克"级驱逐舰的主要武器包括：2座MK41导弹垂直发射系统、视作战任务决定"战斧"导弹、"标准Ⅱ"导弹、"海麻雀"导弹和"阿斯洛克"导弹的装弹量；1门127毫米全自动炮、2座四联装"捕鲸叉"反舰导弹发射装置、2座6管"密集阵"近防系统、2座MK32-3型324毫米鱼雷发射装置，发射MK46或MK50型反潜鱼雷。此外，该级舰的后期型号还可搭载2架SH-60B/F直升机。

■ "阿利·伯克"级驱逐舰侧前方视角

·"阿利·伯克"级驱逐舰结构图·

·"阿利·伯克"级驱逐舰舰首视角·

·高速航行的"阿利·伯克"级驱逐舰·

·"阿利·伯克"级驱逐舰编队·

美国"朱姆沃尔特"级驱逐舰

◣ DDX 驱逐舰概念图

· 建造中的 DDX 驱逐舰 ·

"朱姆沃尔特"级驱逐舰（Zumwalt Class Destroyer）是美国正在建造的最新一级驱逐舰，以美国海军上将朱姆沃尔特的名字命名，舷号为 DDX 或 DDG1000。这是一种多功能革命性的驱逐舰，由美国海军、诺斯洛普·格鲁曼公司等百余家研究机构和公司联合研发。

"朱姆沃尔特"级驱逐舰的舰载武器装备主要包括 2 门先进的火炮系统（Advanced Gun System，AGS）、20 具 MK57 垂直发射系统和 2 门 57 毫米 MK110 方阵快炮。AGS 是一款 155 毫米火炮，射速为 10 发 / 分。MK57 垂直发射系统设置于船体周边，共可装 80 枚导弹，包括"海麻雀"导弹、"战斧"巡航导弹、"标准 2"导弹和反潜火箭等。"朱姆沃尔特"级驱逐舰拥有 2 个直升机库，可配备 2 架改良型的 SH-60R 反潜直升机，或者由 1 架 MH-60R 特战直升机搭配 3 架 RQ-8A"火力侦察兵"无人机的组合。

俄罗斯"卡辛"级驱逐舰

"卡辛"级驱逐舰（Kashin class destroyer）是苏联第一种专门设计的装备防空导弹的驱逐舰，也是世界上第一种使用全燃气轮机动力的驱逐舰。该级舰共建造了 25 艘，其中俄罗斯海军 20 艘（有 1 艘转售波兰海军），印度海军 5 艘。截至 2018 年 9 月，仍有 1 艘"卡辛"级驱逐舰在俄罗斯海军服役。

"卡辛"级驱逐舰的舰载武器包括：2 座双联装 76.2 毫米炮，射速 90 发／分，射程 15 千米；4 座 6 管 30 毫米炮，射程 2 千米，射速 3000 发／分；4 座 SS-N-2C "冥河"舰对舰导弹发射装置，射程 83 千米；2 座双联装 SA-N-1 "果阿"舰对空导弹发射装置，射程 31.5 千米，共载有 32 枚导弹；1 座五联装 533 毫米两用鱼雷发射管；2 座 RBU-6000 型 12 管反潜深弹发射装置，射程 6000 米，共载有 120 枚火箭。

■ "卡辛"级驱逐舰左舷视角

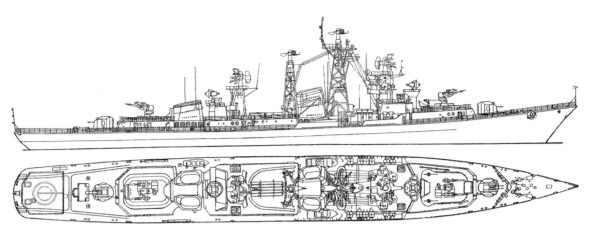

·"卡辛"级驱逐舰结构图·

■ "卡辛"级驱逐舰俯视图

俄罗斯"无畏"级驱逐舰

"无畏"级驱逐舰（Udaloy Class Destroyer）是苏联于20世纪70年代后期开始建造的驱逐舰，共建造了12艘。首舰"无畏"号于1980年11月入役，最后一艘"潘杰列耶夫海军上将"号于1991年12月服役。截至2018年9月，仍有8艘"无畏"级驱逐舰在俄罗斯海军服役。

"无畏"级驱逐舰借鉴了西方国家的设计思想，改变了以往缺乏整体思路，临时堆砌设备的做法，使舰体外形显得整洁利索。全舰结构紧凑、布局简明，主要的防空、反潜装备集中于舰体前部，中部为电子设备，后部为直升机平台。"无畏"级驱逐舰的主要作战任务为反潜，安装有2座四联装SS-N-14反潜导弹发射装置、2座四联装533毫米鱼雷发射管、2座12联装RBU-6000反潜火箭发射装置。此外，还可搭载2架卡-27反潜直升机。"无畏"级驱逐舰还具备一定的防空能力，但没有反舰能力。

■ "无畏"级驱逐舰(下)和美国"奥班农"号驱逐舰(上)

CHAPTER 04 驱逐舰 113

俄罗斯"无畏Ⅱ"级驱逐舰

· "无畏Ⅱ"级驱逐舰结构图 ·

■ "恰巴年科"号驱逐舰侧后方视角

• 英国"波特兰"号护卫舰 •

"无畏Ⅱ"级驱逐舰（Udaloy Ⅱ class destroyer）是苏联于20世纪80年代末开始建造的导弹驱逐舰，其建造计划受苏联解体的影响较大。该级舰原计划首批建造3艘，但由于苏联解体后俄罗斯经济状况欠佳，使得三号舰及后续舰只的建造计划都被迫取消，二号舰也被拆解出售。因此，"无畏Ⅱ"级驱逐舰仅有1艘服役，即"恰巴年科"号。

"恰巴年科"号目前是俄罗斯海军唯一的多用途驱逐舰，能遂行防空、反舰、反潜和护航等任务。该舰的主要武器包括：1座双联装AK-130全自动高平两用炮、8座八联装SA-N-9"刀刃"导弹垂直发射系统、2座"卡什坦"近程武器系统、2座SS-N-22"日炙"四联装反舰导弹发射装置，配备3M82型反舰导弹；2座四联装多用途鱼雷发射管，发射SS-N-15"星鱼"反潜导弹；10管RBU-12000反潜火箭发射装置。此外，该级舰还能搭载2架卡-27A反潜直升机。

俄罗斯"现代"级驱逐舰

■ "现代"级驱逐舰右侧视角

"现代"级驱逐舰（Sovremenny Class Destroyer）是苏联于20世纪80年代建造的大型导弹驱逐舰，主要担任反舰任务。该级舰共建造了21艘，其中苏联海军装备了17艘。截至2018年9月，仍有3艘"现代"级驱逐舰在俄罗斯海军服役。

　　"现代"级驱逐舰是一种侧重于反舰和防空的驱逐舰，在服役时会与同时期建造的"无畏"级反潜驱逐舰搭配使用。该级舰的武器装备包括2座130毫米舰炮、2座四联装KT-190反舰导弹发射装置、4座AK-630M 30毫米近防炮系统、2座3K90M-22防空导弹发射装置、2具双联装533毫米鱼雷发射装置、2座RBU-12000反潜火箭发射装置、8座十联装PK-10诱饵发射器和2座双联装PK-2诱饵发射器。此外，还可搭载1架卡-27反潜直升机。值得一提的是，"现代"级驱逐舰舍弃了主流的燃气轮机动力系统而采用老式的蒸汽锅炉驱动蒸汽轮机为动力，是一种逆时代之举。

英国"郡"级驱逐舰

"郡"级驱逐舰（County Class Destroyer）是英国在二战结束后设计的第一种驱逐舰，同时也是英国海军第一种配备导弹、第一种拥有区域防空能力、第一种可以起降直升机以及第一种配备燃气涡轮推进系统的舰艇。该级舰一共建造了8艘，后4艘改进了设计。

"郡"级驱逐舰采用复合蒸汽涡轮与燃气涡轮推进系统。第一批4艘"郡"级驱逐舰装有2门维克斯MK6双联装114毫米舰炮，舰体后段直升机库两侧各装有1具四联装"海猫"短程防空导弹发射器。"海参"导弹发射系统设置在舰艉，容量为24枚。第二批4艘"郡"级驱逐舰加装了2门20毫米"厄利空"防空机炮、2座三联装324毫米鱼雷发射器、4座法制"飞鱼"反舰导弹发射器。

■ "郡"级驱逐舰侧面视角

• "郡"级驱逐舰结构图 • 　　　　　　　　• 六号舰"格拉摩根"号 •

CHAPTER 04 驱逐舰

英国"谢菲尔德"级驱逐舰

"谢菲尔德"级驱逐舰（Sheffield class destroyer）是英国于20世纪70年代建造的导弹驱逐舰，也称为42型驱逐舰（Type 42 destroyer）。该级舰一共建造了16艘，在1975年至2013年间服役。

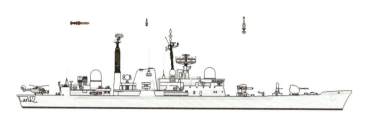

• "谢菲尔德"级驱逐舰结构图 •

"谢菲尔德"级驱逐舰采用全燃交替动力装置（COGOG），第一、二批驱逐舰采用2台奥林普斯TM3B燃气轮机（每台持续功率18.38兆瓦）和2台泰因RM1A巡航燃气轮机（每台持续功率3.64兆瓦）。第三批驱逐舰采用2台奥林普斯TM3B燃气轮机和2台泰因RM1C巡航燃气轮机（每台持续功率3.92兆瓦）。该级舰的武器装备包括2座四联装"鱼叉"反舰导弹，2座三联装STWS-1 324毫米AS鱼雷发射架。1座双联装GWS30"海标枪"防空导弹发射装置，2座20毫米GAM-B01炮，2座20毫米MK7A炮等。该级舰的舰尾还设有飞行甲板，可携带一架韦斯特兰公司的"大山猫"直升机。

■ "谢菲尔德"级驱逐舰侧前方视角

■ "谢菲尔德"级驱逐舰舰首视角

英国"勇敢"级驱逐舰

"勇敢"级驱逐舰（Daring Class Destroyer）是英国于21世纪初开始建造的新一代导弹驱逐舰，又称为45型驱逐舰。

"勇敢"级驱逐舰在具备较强防空能力的同时兼具了反舰、反潜和对陆攻击能力，是英国皇家海军中作战能力较为全面的军舰。反舰方面，该级舰装有2座四联装"鱼叉"反舰导弹发射器。反潜方面主要依靠"山猫"直升机（1架）、"阿斯洛克"反潜导弹和324毫米鱼雷。在对陆攻击方面，可凭借美制MK41垂直发射系统发射"战斧"导弹。此外，该级舰装备的114毫米舰炮也可提供一定的对陆攻击能力和反舰能力。防空作战方面，主要依靠"紫菀"防空导弹。该级舰还安装有2座奥勒冈30毫米KCB速射炮和2座20毫米近防系统。动力系统方面，"勇敢"级驱逐舰采用了革命性的整合式全电力推进系统。

·高速航行的"勇敢"级驱逐舰·

·"勇敢"级驱逐舰在美军航空母舰后方航行·

·"勇敢"级驱逐舰侧面视角·

·"勇敢"级驱逐舰结构图·

■ "勇敢"级驱逐舰侧前方视角

法国"卡萨尔"级驱逐舰

"卡萨尔"级驱逐舰（Cassard class destroyer）是法国在"乔治·莱格"级驱逐舰基础上改进而来的防空型驱逐舰，一共建造了2艘。首舰"卡萨尔"号于1982年9月开工建造，1988年7月开始服役。二号舰"让·巴特"号于1986年3月开工建造，1991年9月开始服役。截至2018年9月，两舰仍在服役。

"卡萨尔"级虽然身为防空型驱逐舰，但武器装备较为齐全，能担负各种任务。"卡萨尔"级驱逐舰装有1门100毫米68型单管舰炮、2门20毫米Mk 10型舰炮、2挺12.7毫米机枪、1座单臂Mk 13导弹发射装置（备有40枚"标准"防空导弹）、2座六联装"西北风"导弹发射装置（备有12枚"西北风"导弹）、2座四联装"飞鱼"导弹发射装置（备8枚"飞鱼"反舰导弹）、2座KD59E固定型鱼雷发射管（备10枚反潜鱼雷）、2座"达盖"干扰火箭发射装置和2座"萨盖"远程干扰火箭发射装置。此外，"卡萨尔"级驱逐舰还可搭载1架"黑豹"直升机。

■ "卡萨尔"级驱逐舰左舷视角

· "卡萨尔"级驱逐舰结构图 ·

■ "卡萨尔"级驱逐舰右舷视角

CHAPTER 04 驱逐舰 125

澳大利亚"霍巴特"级驱逐舰

"霍巴特"级驱逐舰（Hobart class destroyer）是西班牙纳万蒂亚公司为澳大利亚海军建造的驱逐舰，由"阿尔瓦罗·巴赞"级护卫舰改进而来，配备了美制"宙斯盾"作战系统。该级舰计划建造3艘，首舰"霍巴特"号于2012年9月开工建造，2017年9月开始服役。截至2018年9月，二号舰"布里斯班"号和三号舰"悉尼"号仍未正式服役。

"霍巴特"级驱逐舰的舰首配备1门127毫米Mk 45 Mod 4舰炮，舰炮后方有48管Mk 41垂直发射装置，可装填美制"标准Ⅱ"防空导弹与"改进型海麻雀"防空导弹。舰上也配备2座四联装"鱼叉"反舰导弹，进行远程水面打击任务。反潜方面，"霍巴特"级驱逐舰配备新型主/被动拖曳阵列声呐，与"宙斯盾"系统整合，武装则为法国和意大利合作开发的新型MU90反潜鱼雷（鱼雷发射系统为2座双联装324毫米鱼雷管），并配备新型水下通信装置。

• "霍巴特"级驱逐舰结构图 •

·"霍巴特"级驱逐舰右舷视角·

·停泊在港口中的"霍巴特"级驱逐舰·

CHAPTER 04 驱逐舰 127

韩国"广开土大王"级驱逐舰

"广开土大王"级驱逐舰（Gwanggaeto the Great Class Destroyer）是韩国于20世纪90年代建造的导弹驱逐舰，也是韩国自行研制的第一种驱逐舰。

"广开土大王"级驱逐舰装有1座16单元RIM-7M"海麻雀"防空导弹垂直发射装置（MK48型）、2座四联装RGM-84D"鱼叉"反舰导弹发射装置、1座单管127毫米"奥托"主炮、2座7管30毫米"守门员"近防系统、2座三联装324毫米MK32鱼雷发射管。该级舰设有机库，可搭载1～2架英国"大山猫"反潜直升机。动力系统方面，"广开土大王"级驱逐舰采用柴油机和燃气轮机交替使用，双轴推进。主机为2台美国通用电气公司的LM2500燃气轮机，用于高速航行。辅机为2台韩国双龙公司与德国公司联合生产的MTU 20V 956 TB82柴油机，用于巡航。

■ CH-46直升机在"广开土大王"级甲板上作业

韩国"忠武公李舜臣"级驱逐舰

"忠武公李舜臣"级驱逐舰是韩国继"广开土大王"级驱逐舰之后自行建造的第二种导弹驱逐舰,由韩国大宇造船公司和现代重工业公司共同承建。

"忠武公李舜臣"级驱逐舰的武器配置较为全面,前甲板装备1门127毫米口径舰炮和MK41型垂直发射系统(可装"标准"系列防空导弹),中部装备"鱼叉"反舰导弹和鱼雷发射器,并配有荷兰产"守门员"速射炮和21联装"拉姆"近程防空导弹,还可搭载1~2架"山猫"反潜直升机。四号舰"王建"号使用了"美韩联合"的模式,前甲板左侧装备为32单元美制MK41垂直发射模块,右侧装备为32单元韩国国产的垂直发射模块。

韩国"世宗大王"级驱逐舰

■ "世宗大王"级驱逐舰前方视角

"世宗大王"级驱逐舰（Sejong the Great Class Destroyer）是韩国自行研制的第三种驱逐舰，装有著名的"宙斯盾"作战系统。韩国也因此成为继美国、日本、西班牙、挪威之后第5个拥有"宙斯盾"驱逐舰的国家。

"世宗大王"级驱逐舰的设计参考了美国"阿利·伯克"级驱逐舰的部分特点，比较注重隐身性能，采用长艏楼高平甲板、高干舷、方尾、大飞剪型舰艏、小长宽比设计，舰体后部设有双直升机机库。该级舰安装了美制"宙斯盾"作战系统，整合了AN/SPY-1D相控阵雷达。在舰载武器方面，装有1门MK45 Mod4型127毫米舰炮、1座"拉姆"近程防空导弹系统、1座"守门员"近防系统、10座八联装MK41垂直发射系统、6座八联装K-VLS垂直发射系统、4座四联装SSM-700K"海星"反舰导弹发射装置、2座三联装324毫米"青鲨"鱼雷发射管。此外，该级舰还可搭载2架"超山猫"反潜直升机。

■ "世宗大王"级驱逐舰（近）和美军航空母舰（远）

日本"旗风"级驱逐舰

"旗风"级驱逐舰（Hatakaze Class Destroyer）是日本于 20 世纪 80 年代建造的导弹驱逐舰，主要负责完成反潜、舰队护卫、对舰攻击等任务。该级舰设有编队指挥室，必要时可替代直升机驱逐舰作为旗舰。

"旗风"级驱逐舰的武器装备包括：1 座单臂 MK13 防空导弹发射装置，备有"标准"SM-1MR 导弹 40 枚；1 座八联装"阿斯洛克"反潜导弹发射装置；2 座四联装"鱼叉"反舰导弹发射装置；2 座 MK42 型单管 127 毫米主炮；2 座 6 管 20 毫米"密集阵"近防炮；2 座三联反潜鱼雷发射管。此外，该级舰的直升机平台可供 1 架 SH-60J"海鹰"直升机升降和加油。

■ "旗风"级驱逐舰侧面视角

CHAPTER 04 驱逐舰

日本"朝雾"级驱逐舰

■ 高速航行的"朝雾"级驱逐舰

"朝雾"级驱逐舰（Asagiri Class Destroyer）是日本在20世纪80年代中期开始建造的反潜型驱逐舰，共建造了8艘，在1988年至1991年间陆续服役。20世纪90年代末，日本新一代驱逐舰"村雨"级和"高波"级陆续服役，"朝雾"级驱逐舰开始降编为训练舰。

"朝雾"级驱逐舰的舰载武器主要有2座四联装"鱼叉"反舰导弹发射装置，布置在舰中部的2个烟囱之间，呈相对状；1座八联装"阿斯洛克"反潜导弹发射装置；1门76毫米单管全自动速射炮，射程17千米，射速10～85发/分；1座八联装"海麻雀"近程防空导弹发射装置，发射RIM-7F型导弹；1座6管20毫米"密集阵"近程防御系统，射速3000发/分；2座324毫米三联装反潜鱼雷发射管，主要用于自身防御。此外，该级舰还能搭载1架SH-60J反潜直升机。

• "朝雾"级驱逐舰侧前方视角 •

CHAPTER 04 驱逐舰 137

日本"金刚"级驱逐舰

"金刚"级驱逐舰（Kong Class Destroyer）是日本于20世纪90年代建造的装备了美制"宙斯盾"防空系统的导弹驱逐舰。日本也因此成为全球第二个获得"宙斯盾"系统的国家。该级舰共建造了4艘，前三艘由三菱重工业长崎造船所建造，最后一艘由石川岛播磨重工业东京第1工厂建造。

"金刚"级驱逐舰是一种侧重于防空作战的大型水面舰艇，配有"宙斯盾"防空系统。与"阿利·伯克"级武器装备上的最大差异是，美国没有转让"战斧"巡航导弹，因此，"金刚"级驱逐舰不具备远程对岸攻击能力。该级舰的主要武器包括：2组MK41导弹垂直发射系统、2座四联装"鱼叉"反舰导弹发射装置、2座MK15"密集阵"近程防御系统、2座三联装HOS-302型324毫米鱼雷发射管、4座六管MK36 SRBOC干扰火箭发射器和SLQ-25型"水精"鱼雷诱饵。该级舰还可搭载1架直升机。

日本"村雨"级驱逐舰

"村雨"级驱逐舰（Murasame Class Destroyer）是日本于20世纪90年代建造的导弹驱逐舰，也是日本海上自卫队继"初雪"级和"朝雾"级后的第三代反潜型驱逐舰。该级舰原计划建造14艘，后由于"高波"级的出现，缩减为9艘。

"村雨"级驱逐舰的主要武器包括：1座MK41型16单元反潜导弹发射系统，用于发射"阿斯洛克"导弹；1座MK48型16单元防空导弹发射系统，用于发射"海麻雀"导弹；2座四联装反舰导弹发射系统，可发射"鱼叉"或日本国产SSM-1B反舰导弹；1门单管76毫米"奥托"主炮（前4艘），从第5艘开始换装为新型的127毫米舰炮；2座6管20毫米"密集阵"近程防御系统；2座三联反潜鱼雷发射管；4座MK36 SEBOC箔条弹发射装置。此外，该级舰可搭载1架SH-60J反潜直升机。

■ 港口中的"村雨"级驱逐舰

日本"高波"级驱逐舰

■ "高波"级驱逐舰侧面视角

■ 高速航行的"高波"级驱逐舰

"高波"级驱逐舰（Takanami Class Destroyer）是日本于21世纪初开始建造的驱逐舰，以反潜任务为主，防空方面则仅限于短程点防御。

"高波"级驱逐舰的主要武器包括：1座32单元MK41导弹垂直发射系统，可发射防空、反潜和巡航导弹；2座四联装反舰导弹发射系统，可发射"鱼叉"或日本国产SSM-1B反舰导弹；1座单管127毫米"奥托"主炮；2座6管20毫米"密集阵"近防系统；2座三联装HOS-302反潜鱼雷发射管。此外，"高波"级驱逐舰可搭载1架SH-60J反潜直升机。"高波"级驱逐舰采用适合远洋作战的动力装置，配有4台主发动机组成的复合全燃推进系统，双轴推进，全舰合计总功率可达到44.1兆瓦。

日本"爱宕"级驱逐舰

"爱宕"级驱逐舰(Atago Class Destroyer)是日本海上自卫队现役最新型的"宙斯盾"驱逐舰,由"金刚"级驱逐舰改进而来,舰名沿用了二战时期日本重巡洋舰的舰名。该级舰共建造了2艘,均由三菱重工长崎造船厂建造,每艘建造费用约13亿美元。

"爱宕"级驱逐舰具有较强的区域防空作战能力,反潜、反舰作战能力也比"金刚"级驱逐舰有很大提高。该级舰的主要武器包括:2组MK41导弹垂直发射系统、2座MK15 Block 1B型"密集阵"近程防御系统、4座MK36 Mod 12型6管130毫米箔条诱饵发射装置、2座HOS-302型(68式)旋转式三联装324毫米鱼雷发射管、2座四联装90式(SSM-1B)反舰导弹发射装置、1门采用隐身设计的MK45 Mod 4型127毫米全自动舰炮、2~4挺12.7毫米机枪。

港口中的"爱宕"级驱逐舰

■ 二号舰"足柄"号

■ 俯瞰"爱宕"级驱逐舰

CHAPTER 04 驱逐舰 145

日本"秋月"级驱逐舰

"秋月"级驱逐舰（Akizuki Class Destroyer）是日本建造的以反潜为主的多用途驱逐舰，用以替代即将退役的"初雪"级驱逐舰。在首舰"秋月"号下水之前，该级舰在建造时期以其预算通过年度（平成19年）暂时被称为19DD。

"秋月"级驱逐舰配备的主要武器包括：1座MK45 Mod 4型127毫米主炮、2座四联装90式反舰导弹系统、4座八联装MK41垂直发射系统（供"海麻雀"防空导弹和"阿斯洛克"反潜导弹共用）、2座三联装97式324毫米鱼雷发射装置（发射MK46型鱼雷或97式鱼雷）、2座MK15"密集阵"近程防御系统、4座6管MK36 SBROC干扰箔条发射装置。此外，该级舰还可搭载2架SH-60K反潜直升机。

• "秋月"级驱逐舰侧面视角 •

印度"加尔各答"级驱逐舰

"加尔各答"级驱逐舰（Kolkata Class Destroyer）是印度正在建造的新一代驱逐舰，最初命名为"班加罗尔"级（Bangalore Class），后来改为现名。该级舰首批计划建造3艘，首舰于2014年8月开始服役。

"加尔各答"级驱逐舰配备的主要武器包括：1门100毫米AK-190E舰炮、4门30毫米AK-630机炮、2座八联装3S14E垂直发射系统、6座八联装"巴拉克8"防空导弹垂直发射系统、2座十六联装"巴拉克1"短程防空导弹发射器、2座十二联装RBU-6000反潜火箭发射器，以及1座五联装533毫米PTA-533鱼雷发射器（用于发射B-515鱼雷）。

・"加尔各答"级驱逐舰结构图・

CHAPTER

05

护 卫 舰

护卫舰是传统的海军舰种，主要任务是为舰艇编队担负反潜、护航、巡逻、警戒、侦察及登陆支援作战等任务。本章主要介绍自冷战以来世界各国建造的经典护卫舰，包括一些命名不同但功能类似的舰艇。

美国"佩里"级护卫舰

"奥利弗·哈泽德·佩里"级护卫舰（Oliver Hazard Perry Class Frigate）是美国于20世纪70年代研制的导弹护卫舰，简称为"佩里"级护卫舰。该级舰在1975年至2004年间共建造了71艘，首舰于1977年开始服役。2015年，"佩里"级护卫舰悉数从美国海军退役，但仍在其他多个国家服役。

"佩里"级护卫舰的上层建筑比较庞大，四周只设少量水密门，形成一个封闭的整体，以便为舰员和设备提供更多的空间，改善居住条件和增强适航性。该级舰配备的武器包括：1座单臂MK13导弹发射装置，用于发射防空"标准"导弹，或反舰"鱼叉"导弹；1座单管MK75-0型76毫米舰炮，用于中近程防空、反舰；2座六管20毫米"密集阵"近程武器系统，用于近程防空；2座六管MK36型SRBOC干扰火箭；2座三联装MK32鱼雷发射管，发射MK46-5或MK50鱼雷用于反潜；1套SQ-25"水精"鱼雷诱饵，用于反潜。此外，该级舰还可搭载2架SH-2或SH-60直升机。

·改装自"佩里"级护卫舰的南非海军209级舰艇·

·"佩里"级护卫舰侧前方视角·

·"佩里"级护卫舰结构图·

美国"自由"级濒海战斗舰

"自由"级濒海战斗舰（Freedom Class Littoral Combat Ship）由美国洛克希德·马丁公司研制，主要在濒海区域作战，它比导弹驱逐舰更小，与国际上所指的护卫舰相仿。不过，濒海战斗舰还具有小型攻击运输舰的能力，具有可操作2架SH-60"海鹰"直升机的飞行甲板和机库，还有从船尾回收和释放小艇的能力，以及足够大的货运量来运输一支小型攻击部队或装甲车等。该级舰于2005年开始建造，计划建造14艘，截至2018年9月已有5艘服役，另有4艘下水，3艘在建。

"自由"级濒海战斗舰采用一种被称为"先进半滑航船体"的非传统单船体设计，其船体在高速航行时会向上浮起，吃水减少，阻力因此大幅降低。该级舰可搭载220吨的武装及任务系统，舰首装有1门57毫米"博福斯"舰炮，直升机库上方设有一具RIM-116防空导弹发射器；船楼前、后方的两侧各有1挺12.7毫米机枪，共计4挺。直升机库结构上方预留有2个武器模组安装空间，可根据任务需求设置垂直发射器来装填短程防空导弹，或者安装30毫米MK46机炮塔模组。

CHAPTER 05 护卫舰

美国"独立"级濒海战斗舰

• "独立"级濒海战斗舰侧后方视角

·"独立"级濒海战斗舰结构图·

"独立"级濒海战斗舰（Independence Class Littoral Combat Ship）由美国通用动力公司主持研制，计划建造15艘，截至2018年9月已有7艘服役，另有3艘下水，2艘在建。

"独立"级濒海战斗舰的舰载传感器、作战系统和C4ISR系统等设计都突破了传统观念，能根据任务需要灵活组装、搭配不同的武器模块系统。该舰装备了1座MK110型57毫米舰炮和1套"海拉姆"反舰导弹防御系统，上层建筑部分还配置了2座30毫米MK46舰炮。该舰飞行甲板可以容纳2架SH-60直升机或者1架CH-53直升机。机库可容纳2架SH-60直升机或者1架SH-60直升机和3架MQ-8B"火力侦察兵"无人机。该舰还配备有升降机，可让MQ-8B无人机配置到飞行甲板下的任务舱内。此外，该舰配备有舰艉舱门和1个双尾撑吊臂，可以发送或回收水中小艇和传感器。

俄罗斯"猎豹"级护卫舰

·建造中的"猎豹"级护卫舰·

·越南海军装备的"猎豹"级护卫舰·

"猎豹"级护卫舰（Gepard Class Frigate）是苏联于20世纪80年代末设计的护卫舰，项目代号为11660，其建造计划因苏联解体而一度停滞。目前，俄罗斯海军装备了2艘"猎豹"级护卫舰，越南海军也进口了4艘。

"猎豹"级护卫舰的主要功能包括水面巡逻、监视、长程与短程水面作战，以及有限度的防空与反潜。该级舰是典型的近海作战军舰，配备导弹、水雷、鱼雷及舰载机，火力比较齐全。舰首配备1门AK-176型76毫米舰炮，备弹314发。舰桥前方炮位以及舰尾各装1门AK-630型6管30毫米近程防御武器系统，备弹4000发。舰体中部两侧各装1座KT-184四联装反舰导弹发射器，装填8枚SS-N-25反舰导弹。此外，76毫米舰炮前方的甲板上设有1组十二联装RBU-6000反潜火箭深弹发射器，舰上还有2座双联装533毫米鱼雷发射器和1套防空导弹系统。该级舰可搭载舰载机，但没有直升机机库，只有飞行甲板。

俄罗斯"守护"级护卫舰

"守护"级护卫舰（Steregushchy Class Frigate）是俄罗斯海军装备的新一代多用途隐身护卫舰，项目代号为 20380。该级舰于 2001 年开始建造，2007 年 6 月，在圣彼得堡举行的国际海军展上首次亮相。俄罗斯海军打算在第一阶段购买 9 艘"守卫"级，未来还可能大批量建造。截至 2018 年 9 月，已有 5 艘"守护"级护卫舰在俄罗斯海军服役。

"守护"级护卫舰装有 1 门最新型的 AK-190 100 毫米自动舰炮、1 套 CADS-N-1 "卡什坦"近防武器系统、2 门 AK-630 型 30 毫米自动近防武器系统。在反舰导弹方面，"守护"级护卫舰可搭载 8 枚 SS-N-25 "冥王星"或 6 枚 SS-N-27 "俱乐部"反舰导弹。该级舰有 4 座 400 毫米鱼雷发射装置，分置于两舷的舱门内。舰尾设有直升机库与飞行甲板，可搭载 1 架卡-27 反潜直升机。

■ "守护"级护卫舰侧前方视角

■ "守护"级护卫舰后方视角

■ "守护"级护卫舰返回基地

俄罗斯"不惧"级护卫舰

• "不惧"级护卫舰结构图 •

• "不惧"级护卫舰侧面视角 •

■ 高速航行的"不惧"级护卫舰

"不惧"级护卫舰（Neustrashimy class frigate）是苏联于20世纪80年代后期开始建造的护卫舰，项目代号为11540。该级舰一共建造了2艘，截至2018年9月仍在俄罗斯海军服役。

"不惧"级护卫舰原本设计为一种小型的反潜护卫舰，随后由于需求不断扩充，成为一种标准排水量超过3500吨的全能型舰队护卫舰，不仅拥有强大的反潜能力，也有足够的对空监视与防空自卫作战能力。该级舰的舰首设有一座单管100毫米AK-100自动舰炮，射程为20千米，弹药库内备弹350发。舰体中段装有4座四联装SS-N-25"弹簧刀"反舰导弹发射装置。防空方面，该级舰设有4座八联装3S-95转轮式垂直发射系统，装填32枚SA-N-9"铁手套"短程防空导弹。此外，"不惧"级护卫舰还装备了两座CADS-N-1"卡什坦"近防系统，分别设于机库两侧。

俄罗斯"格里戈洛维奇"级护卫舰

"格里戈洛维奇"级护卫舰（Grigorovich class frigate）是俄罗斯正在建造的新一代导弹护卫舰，以俄罗斯售予印度的"塔尔瓦"级护卫舰为基础改良而来。该级舰计划建造6艘，截至2018年9月已有3艘开始服役。

"格里戈洛维奇"级护卫舰的主要武器包括：1座100毫米A-190舰炮、3座十二联装3S90E垂直发射系统（装填9M317防空导弹）、1座八联装KBSM 3S14U1垂直发射系统（装填"红宝石"反舰导弹）、1座十二联装RBU-6000反潜火箭发射器、2座CADS-N-1"卡什坦"近防系统、2座双联装533毫米鱼雷发射管。

■ "格里戈洛维奇"级护卫舰侧前方视角

·"格里戈洛维奇"级护卫舰结构图·

■"格里戈洛维奇"级护卫舰俯视图

俄罗斯"戈尔什科夫"级护卫舰

■ "戈尔什科夫"级护卫舰在大洋中航行

"戈尔什科夫"级护卫舰（Gorshkov class frigate）是俄罗斯正在建造的最新一级导弹护卫舰，计划建造 15 艘，首舰于 2017 年 11 月开始服役，二号舰计划于 2019 年开始服役。

"戈尔什科夫"级护卫舰的舰首有 1 门 A-192M 型 130 毫米舰炮，舰炮后方设有 4 座八联装 3K96 防空导弹垂直发射系统，可发射 9M96、9M96D 或 9M100 等多种防空导弹。防空导弹后方是高出一层甲板的 B 炮位（舰桥前方），装有 2 座八联装 3R14 通用垂直发射系统，可发射 P-800 超音速反舰导弹、3M-54 亚 / 超双速反舰型导弹、3M-14 对陆攻击型导弹、91RT 超音速反潜型导弹等武器。直升机库两侧各有 1 座"佩刀"近程防御武器系统，配备 2 门 AO-18KD 型 30 毫米机炮与 8 枚 9M340E 防空导弹。此外，该级舰还配有 2 座四联装 330 毫米鱼雷发射器，舰尾可搭载 1 架卡 -27 反潜直升机。

・"戈尔什科夫"级护卫舰左舷视角・

・"戈尔什科夫"级护卫舰结构图・

英国"公爵"级护卫舰

"公爵"级护卫舰（Duke Class Frigate）是英国于20世纪80年代研制的护卫舰，也被称为23型护卫舰。该级舰共建造了16艘，截至2018年9月仍有13艘在英国皇家海军服役，另外3艘出售给了智利海军。

"公爵"级护卫舰最初设计是为了替代"利安德"级护卫舰，承担深海反潜任务。随着冷战的结束，在吸取了马岛战争的教训后，英国海军要求"公爵"级护卫舰更多地承担支援联合远征作战、投送海上力量等任务，最终形成了一种反潜能力突出，并兼具防空、反舰和火力支援能力的护卫舰。"公爵"级护卫舰配备的主要武器包括：2座四联装"鱼叉"舰对舰导弹发射装置、32单元"海狼"舰对空导弹垂直发射装置、1门"维克斯"114毫米MK8舰炮、2座30毫米舰炮、2座双联装324毫米固定式鱼雷发射管。

■ "公爵"级护卫舰(右)正在进行海上补给

法国"乔治·莱格"级护卫舰

"乔治·莱格"级护卫舰（Georges Leygues Class Frigate）是法国海军于20世纪70年代建造的反潜护卫舰，又称为F70型护卫舰。值得一提的是，该级舰在国际上被归类为驱逐舰，舷号类别也是驱逐舰通常所用的D，但法国海军将其归类为护卫舰。

"乔治·莱格"级护卫舰仅具备点防空能力，装有1座八联装"响尾蛇"舰空导弹发射装置。后期对该系统进行了改进，使其具有反导能力，并加装了1座双联"西北风"近程防空导弹系统，主要用于对付低空飞机。其反舰武器为4座单装MM 38"飞鱼"反舰导弹发射装置，后期型改为2座四联装MM 40型。另有1座100毫米全自动炮和2座"厄利空"单管20毫米手动操作炮，既可对舰也可对空。舰载直升机也可携带2枚AS-12"海鸥"轻型反舰导弹。远程反潜任务主要由2架舰载"山猫"直升机承担，近程反潜由2座单管发射的15-4型鱼雷完成。

法国"花月"级护卫舰

■法国海军"雪月"号侧面视角

"花月"级护卫舰（Floreal Class Frigate）是法国于 20 世纪 90 年代初建造的护卫舰，共建造了 6 艘，首舰于 1992 年开始服役。除法国外，摩洛哥也进口了 2 艘"花月"级护卫舰。

"花月"级护卫舰的主要武器包括 1 座 100 毫米全自动舰炮、2 座"吉亚特"20F2 型舰炮，以及 2 枚"飞鱼"MM38 型反舰导弹。此外，该级舰还可搭载 1 架 AS 332F"超美洲豹"直升机或 AS 565"黑豹"直升机。"花月"级护卫舰的电子设备包括 1 部 DRBV21A 型对空/对海搜索雷达、2 部 DRBN34A 型导航雷达、2 座"达盖"MK2 型 10 管干扰火箭发射系统、1 部"托马斯"ARBR17 型雷达预警系统等。

■ 摩洛哥海军装备的"花月"级护卫舰

法国"拉斐特"级护卫舰

"拉斐特"级护卫舰（La Fayette Class Frigate）是法国于20世纪80年代末研制的导弹护卫舰，共建造了20艘，首舰于1996年3月开始服役。

"拉斐特"级护卫舰的舰体采用了与传统设计相比更加简约的上层建筑和成角度的舰体侧面设计，再加上使用了雷达信号吸收材料，使得雷达反射截面积大幅度减小。这种由木材与玻璃纤维混合制成的特殊材料拥有与钢铁相同的硬度，但更加轻便，并且耐火。"拉斐特"级护卫舰配备的主要武器包括：1座八联装"响尾蛇CN2"防空导弹系统，用于中远程防空；2座四联装"飞鱼MM40"反舰导弹发射架，装载8枚"飞鱼"导弹，用于反舰；1门100毫米自动炮，弹库可以容纳600发炮弹，用于防空、反舰；2门人工操作20毫米炮，主要在执行海上保安任务时使用。此外，该级舰还可搭载1架"黑豹"直升机。

■ 高速航行的"拉斐特"级护卫舰

法国"阿基坦"级护卫舰

"阿基坦"级护卫舰（Aquitaine class frigate）是法国与意大利联合研制的欧洲多用途护卫舰（FREMM）的法国版，计划建造8艘。首舰于2007年开工建造，2012年11月开始服役。

"阿基坦"级护卫舰的外形设计较为前卫，上层结构与塔状桅杆采用倾斜设计（7至11度）并避免直角，舰面力求简洁，各项甲板装备尽量隐藏于舰体内，封闭式的上层结构与船舷融为一体，舰体外部有防雷达涂料。该级舰主要的武器投送系统是"席尔瓦"垂直发射系统，不同的衍生型依照任务来配置"席尔瓦"系统的形式与数量。此外，"阿基坦"级护卫舰还装有1门奥托·梅莱拉76毫米舰炮的超快速型、3门20毫米机炮、2座四联装"飞鱼"MM40反舰导弹发射系统、2座三联装324毫米鱼雷发射装置等武器。

•"阿基坦"级护卫舰结构图•

■"阿基坦"级护卫舰俯视图

■"阿基坦"级护卫舰正在海试

意大利"卡洛·贝尔加米尼"级护

■ "卡洛·贝尔加米尼"级护卫舰右舷视角

"卡洛·贝尔加米尼"级护卫舰（Carlo Bergamini class frigate）是法国与意大利联合研制的欧洲多用途护卫舰（FREMM）的意大利版，计划建造10艘，包括6艘通用型和4艘反潜型。首舰于2008年2月开工建造，2013年5月开始服役。

与法国版相比，"卡洛·贝尔加米尼"级护卫舰的外形设计相对保守，比较接近"地平线"级驱逐舰。该级舰采用五叶片可变距螺旋桨，航行操作性能较佳，全速状态下能在420米距离急停，而法国版需要两倍的距离。"卡洛·贝尔加米尼"级护卫舰也装有"席尔瓦"垂直发射系统，以及2门奥托·梅莱拉76毫米舰炮、2门25毫米机炮、4座双联装"泰塞奥"Mk 2/A导弹发射系统、2座三联装324毫米鱼雷发射装置等武器。

卫舰

■ "卡洛·贝尔加米尼"级护卫舰俯视图

• "卡洛·贝尔加米尼"级护卫舰结构图 •

意大利"西北风"级护卫舰

"西北风"级护卫舰（Maestrale Class Frigate）是意大利海军于20世纪80年代建造的多用途护卫舰，共建造了8艘。首舰于1978年3月开工，1981年2月下水，1982年3月开始服役。截至2018年9月，"西北风"级护卫舰全部在役。

"西北风"级护卫舰装有4座"奥托马特"舰对舰导弹发射装置、1座"信天翁"舰对空导弹发射装置、1座127毫米全自动舰炮、2座双联装40毫米舰炮、2座105毫米二十联装火箭发射装置、2座三联装鱼雷发射装置。此外，该级舰还可搭载2架反潜直升机。该级舰的探测设备主要有1部SMA702型对海警戒雷达、1部SPS774对空搜索雷达、1部SMA703型导航雷达、2部炮瞄雷达、1部DE1164声呐、1部NA30A火控雷达、1部电子战系统和1部指挥系统。

CHAPTER 05 护卫舰

法国/意大利"地平线"级护卫舰

·"地平线"级护卫舰侧面视角·

·"地平线"级护卫舰左舷视角·

"地平线"级护卫舰（Horizon Class Frigate）是英国、法国以及意大利于21世纪初联合研制的新型防空护卫舰，在英国退出之后，法国和意大利继续执行该计划。该级舰计划建造8艘，最终建成4艘，法国海军和意大利海军各有2艘。

"地平线"级护卫舰汇集多种功能于一身，除为航空母舰提供有效的防空火力支援外，还具有较强的反潜、反舰及对岸作战能力。该级舰的防空武器为"紫菀"导弹，可携带16枚"紫菀"15型导弹和32枚"紫菀"30型导弹。在反舰方面，法国版选用MM40"飞鱼"导弹，意大利版选用"奥托马特"MK3导弹。在反潜方面，"地平线"级拥有2座三联装鱼雷发射系统，能够发射MU-90型324毫米轻型鱼雷。法国版装有2门"奥托·梅腊拉"76毫米速射炮（射速120发/分，配备隐身炮塔）和2门"吉亚特"20毫米口径舰炮，意大利版则采用3门"奥托·梅腊拉"76毫米速射炮和2门25毫米自动炮。此外，意大利版可载1～2架NH-90或EH-101直升机，而法国版可装载NH-90直升机。

德国"不来梅"级护卫舰

■ 高速航行的"不来梅"级护卫舰

· "不来梅"级护卫舰结构图 ·

■ "不来梅"级护卫舰侧后方视角

　　"不来梅"级护卫舰（Bremen class frigate）是德国于20世纪70年代研制的多用途护卫舰，由德国不来梅·富坎船舶公司建造。该级舰一共建造了8艘，首舰于1979年下水，1982年开始服役。截至2018年9月，该级舰仍有2艘在役。

　　"不来梅"级护卫舰具有远洋反潜、对海作战和近程防御能力，主要武器包括2座四联装"鱼叉"反舰导弹发射装置、1座八联装Mk 29"海麻雀"中程舰空导弹发射装置、2座双联装Mk 32型324毫米鱼雷发射管，以及1座MK 75型"奥托·梅腊拉"单管76毫米高平两用炮。此外，该级舰尾部设有直升机机库，可搭载两架"山猫"反潜直升机。

德国"勃兰登堡"级护卫舰

"勃兰登堡"级护卫舰（Brandenburg Class Frigate）是德国于20世纪90年代建造的护卫舰，共建造了4艘。截至2018年9月，"勃兰登堡"级护卫舰全部在役。

"勃兰登堡"级护卫舰配备的主要武器包括：2座双联装"飞鱼"MM38型反舰导弹发射装置，用于反舰；1座"奥托·梅腊拉"76毫米舰炮，用于近程防空、反舰；16单元MK41 Mod 3型舰空导弹垂直发射装置，备16枚"海麻雀"导弹用于中远程防空；2座21单元MK49型"拉姆"点防御导弹发射装置，备21枚RIM-116A型"海拉姆"导弹用于近程防空；2座双联装MK32 Mod 9型鱼雷发射管，用于发射MK46 Mod 2型反潜鱼雷。此外，该级舰还可搭载2架"超山猫"MK88型反潜直升机。

■ 航行中的三号舰"拜仁"号

CHAPTER 05 护卫舰

德国"萨克森"级护卫舰

"萨克森"级护卫舰（Sachsen Class Frigate）是德国于20世纪末开始建造的护卫舰，也是德国海军目前最大的水面舰艇，又称为F124型护卫舰。该级舰计划建造4艘，最终建成3艘。首舰"萨克森"号在1996年3月签订建造合同，2004年正式服役。

"萨克森"级护卫舰采用模块化设计，装备了性能出色的APAR主动相控阵雷达，防空作战性能突出。该舰运用了先进的计算机控制技术，堪称数字化战舰。"萨克森"级护卫舰配备的主要武器包括：1门76毫米舰炮、2门20毫米舰炮、32枚"海麻雀"导弹、24枚"标准"导弹、RIM-116B"拉姆"近程滚动体防空导弹、2座三联装MK32鱼雷发射装置。此外，该级舰还可搭载2架NH90直升机。

瑞典"伟士比"级护卫舰

"伟士比"级护卫舰（Visby Class Corvette）是瑞典于20世纪90年代中期开始建造的轻型护卫舰，共建造了5艘。首舰"伟士比"号于1995年2月开工建造，2000年6月下水，最初只有舰炮可以使用，直到2008年才完成鱼雷测试。

"伟士比"级护卫舰将隐形性能和网络中心战概念结合。船壳采用"三明治"设计，中心是PVC层，外加碳纤维和乙烯合板，并且使用斜角设计反射雷达波。前端57毫米舰炮可以收入炮塔中增加隐形能力。除了57毫米舰炮，该级舰还装有4座400毫米鱼雷发射管和8座RBS-15 MK2反舰导弹发射装置。

• "伟士比"级护卫舰结构图 •

瑞典"斯德哥尔摩"级护卫舰

"斯德哥尔摩"级护卫舰（Stockholm class corvette）是瑞典于20世纪80年代建造的轻型导弹护卫舰，一共建造了两艘，即"斯德哥尔摩"号（K11）和"马尔默"号（K12）。截至2018年9月，两舰仍在服役。

"斯德哥尔摩"级护卫舰的主要武器包括：4座双联装萨伯RBS-15 Mk2反舰导弹发射装置、1门博福斯57毫米Mk 2型舰炮、1门博福斯40毫米舰炮、4具400毫米鱼雷发射管、4具埃尔玛LLS-920型9管反潜火箭发射装置。该级舰的电子战设备为"秃鹰"CS5460电子支援系统。

·"斯德哥尔摩"号(右)和"马尔默"号(左)·

·"斯德哥尔摩"级护卫舰结构图·

·停泊在港口中的"斯德哥尔摩"级护卫舰·

西班牙"阿尔瓦罗·巴赞"级护卫舰

"阿尔瓦罗·巴赞"级护卫舰（Alvaro de Bazan Class Frigate）是西班牙于20世纪末开始建造的护卫舰，又称F-100型护卫舰。该级舰装备了美制"宙斯盾"系统，西班牙也因此成为继日本之后第三个拥有"宙斯盾"系统的国家。

"阿尔瓦罗·巴赞"级护卫舰配备的主要武器包括：1座六组八联装MK41垂直发射系统，发射"标准"导弹或改进型"海麻雀"导弹；1门"梅罗卡"近防炮，备弹720发；1门127毫米MK45 Mod 2舰炮，用于防空、反舰；2套四联装"鱼叉"反舰导弹系统，用于反舰；2套MK46双管鱼雷发射装置，发射MK46 Mod 5轻型鱼雷；2挺20毫米机炮。

"阿尔瓦罗·巴赞"级护卫舰与美军航空母舰编队航行

CHAPTER 05 护卫舰

荷兰"卡雷尔·多尔曼"级护卫舰

"卡雷尔·多尔曼"级护卫舰（Karel Doorman Class Frigate）是荷兰研制的护卫舰，共建造了8艘。截至2018年9月，仍有2艘"卡雷尔·多尔曼"级护卫舰在荷兰海军中服役，其他6艘退役舰已出售给葡萄牙、比利时和智利等国。

"卡雷尔·多尔曼"级配备的主要武器包括：2座四联装"鱼叉"舰对舰导弹发射装置、"海麻雀"MK48舰对空导弹垂直发射装置、1门"奥托·梅腊拉"76毫米紧凑型舰炮、1座荷兰电信公司的SGE30"守门员"近程防御武器系统、2门"厄利空"20毫米炮、2座双联装324毫米MK32鱼雷发射管，用于发射霍尼韦尔公司的MK46 Mod 5鱼雷。此外，该级舰还可搭载1架"大山猫"直升机。

■ 俯瞰"卡雷尔·多尔曼"级护卫舰

CHAPTER 05 护卫舰

澳大利亚/新西兰"安扎克"级护卫舰

"安扎克"级护卫舰（Anzac Class Frigate）是澳大利亚和新西兰联合研制的护卫舰。1989年11月10日，澳大利亚海事工程联合公司作为主承包商签订了建造10艘护卫舰的合同，其中为澳大利亚海军建造8艘，为新西兰海军建造2艘。

"安扎克"级护卫舰配备的主要武器包括2座八联装MK41垂直发射系统（发射"海麻雀"舰空导弹）、2座三联装324毫米鱼雷发射管（发射MK46鱼雷），以及1座127毫米MK45舰炮。此外，"安扎克"级护卫舰的舰尾拥有1个直升机库与直升机甲板，可操作1架大型反潜直升机，甲板上设有辅助降落系统。

日本"夕张"级护卫舰

"夕张"级（Yubari Class Frigate）是"石狩"级护卫舰的后继舰种，由后者改良而来。该级舰一共建造了2艘，由于改动极少，所以也被视为准同级舰。2010年6月25日，2艘"夕张"级护卫舰同时退役。

与"石狩"级护卫舰相比，"夕张"级护卫舰的舰身增长了6米，排水量因此增加了180吨，船舰上层建筑更换为钢制，后甲板留有加装"密集阵"近程防御武器系统的升级空间，不过最后没有安装。"夕张"级护卫舰配备的主要武器包括：1门"奥托·梅莱拉"76毫米舰炮、8单元"鱼叉"反舰导弹发射装置、2座68式三联装鱼雷发射管、1座71式四联装反潜火箭发射装置。

■ 并排停泊的两艘"夕张"级护卫舰

日本"阿武隈"级护卫舰

"阿武隈"级（Abukuma Class Frigate）是日本于20世纪80年代末开始建造的护卫舰，原计划建造11艘，后来因为"初雪"级驱逐舰服役，最终只建造了6艘，均以日本在二战中使用过的巡洋舰的舰名命名。

"阿武隈"级护卫舰装备了较先进的"鱼叉"反舰导弹、76毫米舰炮、"密集阵"近防系统、"阿斯洛克"反潜导弹、反潜鱼雷、电子战系统等，基本上达到世界先进驱逐舰相同的武备水平。"阿武隈"级护卫舰的隐形效果较好，是日本海上自卫队第一种引入舰体隐形设计的战斗舰。该舰使用可变螺距的侧斜螺旋桨，可以降低转数约四分之一，既减少了噪声，又提高了隐蔽性。

韩国"浦项"级护卫舰

"浦项"级护卫舰（PoHang Class Frigate）是韩国于20世纪80年代研制的轻型护卫舰，共建造了24艘。截至2018年9月，仍有14艘在韩国海军服役。

"浦项"级护卫舰是在"东海"级护卫舰的基础上改进而来，是韩国海军最重要的近海防卫力量。其反潜型配备的主要武器包括：2座单管76毫米"奥托"主炮、2座双管40毫米火炮、2座三联装324毫米MK32鱼雷发射管、2座深水炸弹发射架。其反舰型配备的主要武器包括：1座双联装"飞鱼"反舰导弹发射架、1座单管76毫米"奥托"主炮、2座双管30毫米火炮、2座三联装324毫米MK32鱼雷发射管、2座深水炸弹发射架。

CHAPTER 05 护卫舰

印度"塔尔瓦"级护卫舰

"塔尔瓦"级护卫舰（Talwar Class Frigate）是俄罗斯于21世纪初为印度海军建造的护卫舰，共建造了6艘。该级舰以苏联"克里瓦克Ⅲ"型护卫舰为基础改进而来，首舰于2000年3月下水，2003年6月开始服役。

"塔尔瓦"级护卫舰的核心装备是"俱乐部"反潜/反舰导弹系统，包括3M54E反舰导弹和配套的3R14N-11356舰载火控系统，安装在3S90导弹发射架后的1座八联装KBSM3S14E垂直发射系统内。"塔尔瓦"级护卫舰的防御主要依赖"无风-1"中程防空导弹系统反潜，前部甲板还装有1座A-190E型100毫米高平两用主炮。近程防御由"卡什坦"系统提供。反潜武器是1座RBU-6000型12管反潜火箭系统，舰体中部还有2座双联装DTA-53-11356鱼雷发射管。

• "塔尔瓦"级护卫舰在近海航行 •

印度"什瓦里克"级护卫舰

■ "什瓦里克"级护卫舰在大洋中航行

• "什瓦里克"级护卫舰结构图 •

· "什瓦里克"级护卫舰后方视角 ·

"什瓦里克"级护卫舰（Shivalik class frigate）是印度设计建造的大型多用途护卫舰，一共建造了3艘。首舰"什瓦里克"号于2010年4月服役，二号舰"萨特普拉"号于2011年8月服役，三号舰"萨雅德里"号于2012年7月服役。

"什瓦里克"级护卫舰的多数舰载武器系统与"塔尔瓦"级护卫舰相同，主要区别在于舰炮与近程防御武器系统。"什瓦里克"级护卫舰舍弃了俄制A-190E型100毫米舰炮，改为意大利奥托·梅莱拉76毫米舰炮的超快速型，射速高达120发/分。"什瓦里克"级护卫舰也没有沿用"塔尔瓦"级护卫舰的俄制"卡什坦"系统，而是采用印度与以色列整合开发的弹炮合一防空系统，由2座AK-630型30毫米防空机炮与三十二管"巴拉克"短程防空导弹发射装置组成。舰载直升机方面，"什瓦里克"级护卫舰的机库结构经过扩大，能容纳2架反潜直升机，比"塔尔瓦"级护卫舰多1架。

CHAPTER 06

潜 艇

　　潜艇是海军的主要舰种之一，由于配套设备多样，技术要求高，因此，全世界能够自行研制并生产潜艇的国家不多，尤其是核动力潜艇。本章主要介绍冷战以来世界各国建造的经典潜艇，包括攻击型核潜艇、弹道导弹核潜艇、巡航导弹核潜艇和常规动力潜艇等。

美国"鲟鱼"级攻击型核潜艇

"鲟鱼"级潜艇（Sturgeon Class Submarine）是美国于20世纪60年代初开始建造的攻击型核潜艇，很大程度上是为了在冷战期间与苏联争夺北冰洋，因此，设计上有意加强了在北极冰层下的通行能力。

"鲟鱼"级潜艇采用先进的"泪滴形"艇体，比以往的攻击型核潜艇体形要大，指挥台围壳较高，围壳舵的位置较低，这样可提高潜艇在潜望深度的操纵性能。"鲟鱼"级潜艇可在北极冰层下活动，装有一部探冰声呐。为了有利于上浮时破冰，可将围壳舵折起。该级艇装有4具鱼雷发射管，可发射"战斧"巡航导弹、"鱼叉"反舰导弹、"萨布洛克"反潜导弹和MK48鱼雷等。在服役过程中，"鲟鱼"级潜艇陆续进行了一些改装，部分艇只装有消声瓦，部分艇只装有深潜救生艇，还有部分艇只装有具有两栖攻击辅助作战能力的蛙人运输艇。

■ "鲟鱼"级潜艇在水面航行

美国"洛杉矶"级攻击型核潜艇

"洛杉矶"级潜艇（Los Angeles Class Submarine）是美国于20世纪70年代初开始建造的攻击型核潜艇，也是美国有史以来建造数量最多的核潜艇，均由纽波特纽斯造船公司、通用动力电船公司联合建造。截至2018年9月，仍有35艘"洛杉矶"级潜艇在美国海军服役。

"洛杉矶"级潜艇在舰体中部设有4具533毫米鱼雷发射管，可发射"鱼叉"反舰导弹、"萨布洛克"反潜导弹、"战斧"巡航导弹以及传统的线导鱼雷等。从"普罗维登斯"号开始的后31艘潜艇又加装了12座垂直发射器，可在不减少其他武器数量的情况下，增载12枚"战斧"巡航导弹。此外，该级艇还具备布设MK67触发水雷和MK60"捕手"水雷的能力。"洛杉矶"级潜艇不仅火力强大，还具有完善的电子对抗设备，能干扰和躲避敌人的音响鱼雷，并装备了先进的综合声呐，最大探测距离可达180千米。动力装置方面，"洛杉矶"级潜艇装有1座通用电气S6G压水反应堆、2台蒸汽轮机，以及1台辅助推进电机。

·导弹垂直发射系统·
·后方视角·
·"洛杉矶"级潜艇结构图·

CHAPTER 6 潜艇 215

美国"海狼"级攻击型核潜艇

"海狼"级潜艇（Seawolf Class Submarine）是美国于20世纪80年代末开始建造的攻击型核潜艇，原计划建造29艘，但由于冷战结束、删减国防预算和部分技术问题，造价过于高昂的"海狼"级潜艇最终只建成了3艘。

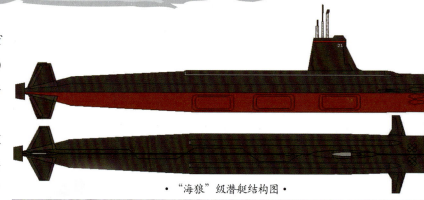

· "海狼"级潜艇结构图 ·

由于应用了最新技术，"海狼"级潜艇在动力装置、武器装备和探测器材等设备方面，堪称世界一流。该级艇使用长宽比为7.7∶1的"泪滴形"艇体，接近最佳长宽比。由于艇壳采用HY-100高强度钢，下潜深度可达610米。该级艇配有能透过冰层的侦测装置，可在北极冰下海区执行作战任务。"海狼"级潜艇比"洛杉矶"级潜艇更安静、更大且更快，共有8部660毫米鱼雷发射管，比过去的鱼雷发射管口径更大，以便未来安装新服役的武器。这些鱼雷发射管可配装50枚MK48鱼雷（或"战斧"导弹、"鱼叉"导弹），也可换为100枚水雷。

■ 三号艇"吉米·卡特"号准备下水

美国"弗吉尼亚"级攻击型核潜艇

"弗吉尼亚"级潜艇（Virginia Class Submarine）是美国海军正在建造的最新一级攻击型核潜艇，计划建造 30 艘，均由纽波特纽斯造船公司、通用动力电船公司联合建造。截至 2018 年 9 月，"弗吉尼亚"级潜艇已有 16 艘入役。

"弗吉尼亚"级潜艇是美国海军有史以来第一种以执行"濒海作战"任务为主、兼顾大洋作战的多功能潜艇，装有 12 部"战斧"巡航导弹的垂直发射筒，可发射射程为 2500 千米的对陆攻击型"战斧"巡航导弹，对陆地纵深目标实施打击。该级艇还装备了 4 部 533 毫米鱼雷发射管，发射管具有涡轮气压系统，免除了发射前需要注水而会产生噪声的老问题。这 4 部鱼雷发射管不但可以发射 MK48 鱼雷、"鱼叉"反舰导弹以及布放水雷，还可以发射、回收水下无人驾驶遥控装置，以及无人飞行器。

■ "弗吉尼亚"级坦克登陆舰侧后方视角

美国"乔治·华盛顿"级弹道导弹核潜艇

·首艇"乔治·华盛顿"号举行下水仪式·

·船坞中即将建造完成的"西奥多·罗斯福"号·

  "乔治·华盛顿"级潜艇（George Washington Class Submarine）是美国建造的第一代弹道导弹核潜艇，也是世界上最早出现的弹道导弹核潜艇。1960年7月20日，首艇"乔治·华盛顿"号在佛罗里达州的卡纳维拉尔角以水下潜航的状态成功发射了第1枚全功能的"北极星A1"导弹，标志着美国弹道导弹核潜艇的成熟。

  "乔治·华盛顿"级潜艇庞大的上层建筑是其外观上最明显的特征，从指挥台围壳前一直向艇尾延伸，覆盖着16部弹道导弹发射筒（发射"北极星"A1弹道导弹）。该级艇的内部分为7个舱室，从首至尾依次是艏鱼雷舱、指挥舱、导弹舱、第1辅机舱、反应堆舱、第2辅机舱和主机舱。其中，艏鱼雷舱布置有6部533毫米鱼雷发射管，分两列布置。反应堆舱里布置1座由威斯汀豪斯电气公司制造的S5W型核反应堆，功率为15000轴马力。

美国"俄亥俄"级弹道导弹核潜艇

"俄亥俄"级潜艇（Ohio Class Submarine）是美国建造的第4代弹道导弹核潜艇，共建造了18艘，目前全部在役。除"亨利·杰克逊"号外，其他"俄亥俄"级潜艇均以美国各州之名命名。冷战结束后，根据美俄达成的削减进攻性战略武器条约，有4艘"俄亥俄"级潜艇被改装为巡航导弹核潜艇。

"俄亥俄"级潜艇为单壳型艇体，外形近似于水滴形，长宽比为13.3∶1。舰体艏艉部是非耐压壳体，舯部为耐压壳体。耐压壳体从舰艏到舰艉依次分为指挥舱、导弹舱、反应堆舱和主辅机舱4个大舱。该级艇装有24部垂直导弹发射筒，其中前8艘装载"三叉戟"Ⅰ型导弹，到九号艇"田纳西"号时则改为"三叉戟"Ⅱ型导弹（射程12000千米，圆概率偏差90米），前8艘后来也改用"三叉戟"Ⅱ型导弹。此外，被改装成巡航导弹核潜艇的4艘"俄亥俄"级改用了"战斧"巡航导弹。除导弹外，各艇另有4部533毫米MK68鱼雷发射管，可携带12枚MK48多用途线导鱼雷，用于攻击潜艇或水面舰艇。

■ "俄亥俄"级巡航导弹核潜艇

美国"哥伦比亚"级弹道导弹核潜艇

"哥伦比亚"级潜艇（Columbia class submarine）是美国正在规划建造的新一代弹道导弹核潜艇，计划12艘。2014年，该级艇完成定型设计，包括总体设计、水动力设计、耐压壳、武器系统等。首艇计划于年开始建造，2031年开始服役。

"哥伦比亚"级潜艇将首次采用模块化的通用导弹舱设计。当前，包括"俄亥俄"级在内的世界各国现

略核潜艇,均采用相互独立的潜射弹道导弹发射筒设计,而"哥伦比亚"级潜艇的一大特色技术就是发射系统采用了4个通用发射模块,每个模块由4个直径为2米的发射筒组成,相关辅助设备也集成在舱内,外部管线和接口数量将大大减少,工艺性、可靠性、维修性、安全性则大幅提高。

·"哥伦比亚"级潜艇结构图·

"哥伦比亚"级潜艇艺术渲染图

俄罗斯"塞拉"级攻击型核潜艇

· "塞拉"级潜艇结构图 ·

"塞拉"级潜艇（Sierra Class Submarine）是苏联于20世纪80年代建造的攻击型核潜艇，曾被北约海军视为冷战时期的主要威胁之一。截至2018年9月，仍有2艘在俄罗斯海军服役，另有2艘正在进行现代化改造。

"塞拉"级潜艇装备的武器种类众多，包括SS-N-16反潜导弹、SS-N-15反潜导弹、SS-N-21远程巡航导弹以及53型、65型鱼雷和各种水雷等，而且携带数量也较多。"塞拉"级潜艇的动力主要由2座压水反应堆提供，其单堆输出功率为200兆瓦，回路采用的是2台涡轮发动机。另外，艇上还有2套柴油发电机组和2组蓄电池作为备用，可以保证潜艇在应急和事故状态下的辅助用电，并推动潜艇应急航行。

■ 在结冰海域执行训练任务

俄罗斯"亚森"级攻击型核潜艇

·"亚森"级潜艇结构图·

"亚森"级潜艇（Yasen Class Submarine）是俄罗斯研制的新型攻击型核潜艇，北约代号为"北德文斯克"级潜艇。"亚森"级潜艇计划建造12艘，未来将取代"阿库拉"级潜艇和"奥斯卡"级潜艇，与"北风之神"级潜艇一起构成俄罗斯海军力量的核心。

与以往的俄罗斯核潜艇相比，"亚森"级潜艇具有更加强大的火力、更强大的机动性和更高的隐蔽性。该级艇在艇首装备了4部650毫米鱼雷发射管和2部533毫米鱼雷发射管，可以发射65型鱼雷、53型鱼雷、SS-N-15反潜导弹等武器。此外，该级艇还在指挥台围壳后方的巡航导弹舱布置了8部用于发射SS-N-27巡航反舰导弹的垂直发射管。SS-N-27巡航导弹的最大飞行速度为2.5马赫，最大射程超过3000千米。"亚森"级潜艇的自动化程度较高，船员数量远少于美国"弗吉尼亚"级潜艇。

· 船坞中的"亚森"级潜艇 ·

俄罗斯"阿库拉"级攻击型核潜艇

• "阿库拉"级潜艇结构图 •

■ "阿库拉"级潜艇在水面航

• "阿库拉"级潜艇侧后方视角 •

"阿库拉"级潜艇（Akula class submarine）也是苏联于20世纪80年代建造的攻击型核潜艇，也是苏联研制的最后一种潜艇。该级艇有Ⅰ型、Ⅱ型和Ⅲ型三种子型号，一共建造了15艘。截至2018年9月，仍有9艘在俄罗斯海军服役，1艘在印度海军服役。

"阿库拉"级潜艇采用良好的水滴外形，并采用了双壳体结构，里面一层艇壳为钛合金制造的耐压壳体，这种耐压壳能保证"阿库拉"级核潜艇顺利下潜到650米深，而当时一般的潜艇最多只能下潜到600米。该级艇装有4具533毫米鱼雷发射管和4具650毫米鱼雷发射管，前者发射53-65型鱼雷，后者发射65-73和65-76型鱼雷。除鱼雷外，533毫米鱼雷发射管还可发射SS-N-15"海星"导弹、SS-N-21远程巡航导弹、"俱乐部-S"系列反舰导弹和SA-N-10防空导弹，650毫米鱼雷发射管则可发射SS-N-16"种马"导弹。

俄罗斯"德尔塔"级弹道导弹核潜艇

■ 建造中的"德尔塔"Ⅲ级潜艇

"德尔塔"级潜艇（Delta class submarine）是苏联建造的第三代弹道导弹核潜艇，由红宝石设计局研制。该级艇有四种外形相似，但又各有不同的艇型。目前，Ⅰ型（18艘）和Ⅱ型（4艘）已全部退役，Ⅲ型（14艘）、Ⅳ型（7艘）仍有部分在役。

Ⅰ型是苏联第一种不用通过北约反潜带就能够发射导弹打击到美国本土的潜艇，Ⅱ型沿袭了Ⅰ型的大部分设计，但弹道导弹发射装置更大，因此，数量由16具减为12具。Ⅲ型是苏联第一个能够连续发射所有导弹的潜艇，同时也是第一个装备多弹头分导弹道导弹的潜艇。Ⅳ型是苏俄弹道导弹核潜艇中出勤率和妥善率最高的一种，携带16枚P-29PM潜射弹道导弹，装载在D-9PM型发射筒内。Ⅳ型还可以使用SS-N-15"海星"反舰导弹，射程为45千米，可以装配核弹头。Ⅳ型可以在6～7

节航速、55米潜深的情况下连续发射所有的导弹，并且可以在任何航向下，以及一定的纵向倾斜角度下发射导弹。此外，Ⅳ型还装备了4座533毫米鱼雷发射管，并安装了自动鱼雷装填系统。

■ 俯瞰"德尔塔"级潜艇

• "德尔塔"级潜艇结构图 •

俄罗斯"台风"级弹道导弹核潜艇

"台风"级潜艇（Typhoon Class Submarine）是苏联研制的第4代弹道导弹核潜艇，原计划建造8艘，最终建造了6艘。截至2018年9月，仍有1艘在俄罗斯海军服役。

"台风"级潜艇最独特的设计是"非典型双壳体"，即导弹发射筒为单壳体，其他部分采用双壳体。导弹发射筒夹在双壳耐压艇体之间，可避免出现"龟背"而增大航行的阻力和噪声，并节约建造费用。该级艇共有19个舱室，从横剖面看成"品"字形布设，主耐压艇体、耐压中央舱段和鱼雷舱采用钛合金材料，其余部分都用消磁高强度钢材。"台风"级潜艇设有20部导弹发射管、2部533毫米鱼雷发射管、4部650毫米鱼雷发射管，可发射SS-N-16反潜导弹、SS-N-15反潜导弹、SS-N-20弹道导弹，以及常规鱼雷和"风暴"空泡鱼雷等。当"台风"级潜艇在遭受普通鱼雷攻击时，大部分的鱼雷爆炸力会被双壳体的耐压舱和壳体外的水吸收，从而保护了艇体。

·"台风"级潜艇结构图·

·浮出水面的"台风"级潜艇·

俄罗斯"北风之神"级弹道导弹核潜艇

"北风之神"级潜艇（Borei Class Submarine）是俄罗斯建造的最新一级弹道导弹核潜艇，1996年由俄罗斯红宝石设计局开始研制。截至2018年9月，"北风之神"级潜艇已有3艘建成服役。

"北风之神"潜艇的艇体表面贴敷了厚度超过150毫米的高效消声瓦，主机类主要噪声源配备了整体筏式双层减振基座和隔音罩，并对艇内的机械装置进行降噪设计，以便提高水下安静性能。此外，该级艇还在消除磁性特征、红外特征以及尾流特征等方面采取了一系列独到的措施。首艇装有16个导弹发射筒，携带12枚SS-NX-30"圆锤M"洲际导弹，导弹舱设在指挥台围壳之后。后期服役的同级艇完整配备16枚"圆锤M"导弹。常规自卫武器方面，"北风之神"级潜艇装有6部533毫米鱼雷发射管，可发射SS-N-15反潜导弹和SA-N-8近程舰空导弹，自身防卫作战能力出色。此外，俄罗斯海军还在考虑装备速度达200节的"暴风"高速鱼雷，这种鱼雷不仅能有效地反潜，而且还能反鱼雷。

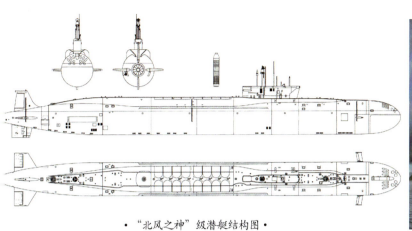

• "北风之神"级潜艇结构图 •

CHAPTER 6 潜艇 237

俄罗斯"奥斯卡"级巡航导弹核潜艇

• "奥斯卡"级潜艇结构图 •

"奥斯卡"级潜艇（Oscar class submarine）是苏联于 20 世纪 70 年代中期开始建造的巡航导弹核潜艇，计划建造 20 艘，最终建成了 13 艘。截至 2018 年 9 月，仍有 8 艘"奥斯卡"级潜艇在俄罗斯海军服役。

"奥斯卡"级潜艇采用水滴形艇体，双壳体结构。采用变直径的圆筒形耐压壳体，中部直径 8.5 米，两层壳体之间的间距约为 4 米，所以艇体很宽。艇体首尾非耐压壳体呈圆锥形，具有水滴形艏部，艉部是十字形操纵面，指挥台围壳较长约 32 米。为了容易破冰浮出，指挥台围壳装设了加强板，围壳顶做成圆形加强盖。"奥斯卡"级潜艇装有 4 具 533 毫米鱼雷管和 4 具 650 毫米鱼雷管，可携带 24 枚 SS-N-19 反舰导弹。该级艇接到作战命令后，可高速机动接近预定的目标海域，并采用隐蔽性较高的低速搜索航行，声呐用被动方式工作。在发现目标后，迅速使用鱼雷或导弹实施直接攻击。

• "奥斯卡"级潜艇前方视角 •

■ "奥斯卡"级潜艇在水面航行

■ "奥斯卡"级艇首部位特写

俄罗斯"基洛"级常规动力潜艇

"基洛"级潜艇（Kilo Class Submarine）是苏联于20世纪80年代初开始建造的常规动力潜艇，也是俄罗斯海军现役的主力常规动力潜艇。该级艇于1974年开始设计，首艇"基洛"号于1979年下水，1982年开始服役。除俄罗斯海军，印度、波兰、伊朗、越南和阿尔及利亚等国的海军也装备了"基洛"级潜艇。

"基洛"级潜艇的艇首设有6部533毫米鱼雷发射管，可发射53型鱼雷、SET-53M鱼雷、SAET-60M鱼雷、SET-65鱼雷、71系列线导鱼雷等，改进型和印度出口型还可以通过鱼雷管发射"俱乐部-S"潜射反舰导弹。"基洛"级艇内共配备18枚鱼雷，并有快速装雷系统。6部发射管可在15秒内完成射击，2分钟后再装填完毕，以实施第2轮打击。"基洛"级潜艇的最大特点是优异的安静性，其设计目标就将安静性置于快速性之上，通过各种措施将噪声降到了118分贝。

·"基洛"级潜艇结构图·

CHAPTER 6 潜艇

俄罗斯"拉达"级常规动力潜艇

■ "拉达"级潜艇侧前方视角

"拉达"级潜艇（Lada class submarine）是俄罗斯自苏联解体后研制的第一级常规动力潜艇，设计工作由红宝石设计局负责。"拉达"级潜艇计划建造8艘，首艇"圣彼得堡"号于1997年12月开工建造，2004年10月下水。2011年11月，俄罗斯军方宣布"拉达"级潜艇不能达到要求，因此不准备接收，已建成的首艇用作试验平台。"拉达"级潜艇的出口型称为"阿穆尔"级，尺寸有所缩小。

"拉达"级潜艇装有6具鱼雷发射管，武器载荷为18枚。该级艇在设计上有诸多创新，其中包括一套基于现代数据总线技术的自动化指挥和武器控制系统、1套包含拖曳阵在内的声呐装置以及"基洛"级潜艇上的降噪技术。红宝石设计局同时也开发了AIP推进模块，可根据用户的需要进行安装。出口型还可在水平舵后加装一个垂直发射舱，可以容纳8具垂直发射管，发射"布拉莫斯"反舰导弹。

■ "拉达"级潜艇前方视角

• "拉达"级潜艇结构图 •

英国"前卫"级弹道导弹核潜艇

"前卫"级潜艇（Vanguard Class Submarine）是英国建造的第二代弹道导弹核潜艇，共建造了4艘，目前全部在役，是英国唯一的海基核力量。

"前卫"级潜艇采用"泪滴形"艇体，艇的长宽比为11.7∶1，略显瘦长。艇体结构为单双壳体混合型，有利于降低艇体阻力和提高推进效率。艇体外形光顺，航行阻力较低，并敷有消声瓦。艇内布置有艏鱼雷舱、指挥舱、导弹舱、辅机舱、反应堆舱、主机舱6个舱室。艇壳采用Q1N钢制造，与美国潜艇用钢HY80钢性能相似。"前卫"级潜艇采用了英国首创的泵喷射推进技术，有效降低了辐射噪声，安静性和隐蔽性尤为出色。该级艇装备了世界上最先进的"三叉戟"Ⅱ型导弹，一共16枚。该导弹为三级固体燃料推进的导弹，射程可达12000千米。

• "前卫"级潜艇侧前方视角 •

· "前卫"级潜艇结构图 ·

CHAPTER 6　潜艇

英国"勇士"级攻击型核潜艇

"勇士"级潜艇（Valiant Class Submarine）是英国建造的第一代攻击型核潜艇，共建造了5艘，后3艘因改进较大，也被单独命名为"丘吉尔"级。

"勇士"级潜艇配备的主要武器为艇首的6部533毫米鱼雷管，可发射总数达32枚的"鱼叉"导弹和MK24"虎鱼"鱼雷。该级艇的动力装置由1座劳斯莱斯压水堆和2台蒸汽轮机组成，水上航速为20节，水下航速为29节。1982年5月在英阿马岛海战中，四号艇"征服者"号用鱼雷在15分钟内击沉了阿根廷海军的"贝尔格拉诺将军"号巡洋舰，这是世界海军作战史上核潜艇首次击沉敌方水面战舰的战例。1997年，首艇"勇士"号从新加坡潜航返回英国，完成1.2万海里航程，创下了英国海军潜艇水下连续航行25天的记录。

CHAPTER 6 潜艇

英国"敏捷"级攻击型核潜艇

•海军士兵在瞭望台上观察海况

"敏捷"级潜艇（Swiftsure Class Submarine）是英国建造的第二代攻击型核潜艇，共建造了6艘，首艇于1973年服役。2010年年底，"敏捷"级潜艇全部退役。

"敏捷"级潜艇主要用于发现并摧毁敌方潜艇、保护友方弹道导弹潜艇，必要时也可用来攻击地面目标。与英国第一代攻击型核潜艇"勇士"级相比，"敏捷"级潜艇的艇体显得短而丰满，前水平舵靠前，少一部鱼雷发射管，下潜深度和航速有所增加。"敏捷"级潜艇装备的武器有休斯公司的"战斧"潜射型巡航导弹，麦道公司的潜射"鱼叉"导弹。此外，还有马可尼公司的"旗鱼"线导鱼雷，"虎鱼"鱼雷等。

英国"特拉法尔加"级攻击型核潜艇

"特拉法尔加"级潜艇（Trafalgar Class Submarine）是英国建造的第三代攻击型核潜艇，首艇于1979年4月开工建造，1983年5月服役，直到1991年共建造了7艘。截至2018年9月，仍有3艘在英国海军服役。

"特拉法尔加"级潜艇采用长宽比为8.7∶1的"泪滴形"艇体，接近最佳长宽比，有利于提高航速。艇体为单壳体结构，艇壳使用QN-1钢材制造，艇体外表面敷设消声瓦。"特拉法尔加"级潜艇具有反潜、反舰和对陆攻击的全面作战能力，艇首装有5部533毫米鱼雷发射管，可发射"战斧"巡航导弹、"鱼叉"反舰导弹、"矛鱼"鱼雷和"虎鱼"鱼雷等，不携带鱼雷时可载50枚MK5"石鱼"水雷或MK6"海胆"水雷。该级艇的排水量仅为美国"洛杉矶"级潜艇的75%，但反潜、反舰能力和对陆攻击能力却不逊色于后者。

英国"机敏"级攻击型核潜艇

"机敏"级潜艇（Astute Class Submarine）是英国正在建造的第四代攻击型核潜艇，计划建造7艘，截至2018年9月共有3艘建成服役。该级艇使用模块化设计，使系统维修升级更加简单。

与"特拉法尔加"级潜艇相比，"机敏"级潜艇的外形尺寸和排水量更大，能携带更多的武器和更先进的电子设备，并采用了多种减震降噪措施，安静性能更好。"机敏"级潜艇的艇首装有6部533毫米鱼雷发射管，可发射"旗鱼"鱼雷、"鱼叉"反舰导弹和"战斧"对陆攻击巡航导弹，鱼雷和导弹的装载总量为38枚，也可携带水雷作战。该级艇还安装了世界上最先进的潜艇用外围通信系统，并以光纤红外热成像摄像机取代了传统潜望镜。"机敏"级潜艇的动力系统也极具特色，它率先在核动力系统以外，配备了常规动力备用设备。这主要是为了避免核潜艇在失去动力后，自救无门，甚至造成核灾难事故。

前方视角

停泊在英国南安普顿港的"机敏"级潜艇

德国 209 级常规动力潜艇

209 级潜艇（Type 209 submarine）是德国于 20 世纪 70 年代研制的专供出口的常规动力潜艇，根据进口国的要求，有多种变型艇，包括 1100 型、1200 型、1300 型、1400 型、1500 型等。由于性能先进，大小和造价适中，阿根廷、巴西、南非、土耳其、希腊、印度、韩国、南非和秘鲁等十余个国家都进口了 209 级潜艇。

209 级潜艇的主要武器是位于艇首的 8 具 533 毫米鱼雷发射管，可发射包括线导鱼雷在内的各型鱼雷，原来使用 DM-2A1 反舰鱼雷和 DM-1 反潜鱼雷，后全部换为更先进的 SST-4 和 SUT 反舰/反潜两用鱼雷。除此之外，部分 209 级潜艇还装了"鱼叉"潜射反舰导弹。209 级潜艇可靠性高，操控自动化水平高，使配备的艇员大大减小，只需 31～40 人，乘员比相同吨位的其他常规潜艇减少了三分之一以上。

■ 南非海军 209 级潜艇

·209级潜艇结构图·

■ 在水面航行的209级潜艇

■ 209级潜艇编队航行

CHAPTER 6 潜艇 255

德国 212 级常规动力潜艇

212 级潜艇是由德国哈德威造船厂以 209 级潜艇为基础改进而来的常规动力潜艇，1992 年完成研制工作，成为世界上第一种装备"不依赖空气推进装置"（Air Independence Power，AIP）的潜艇。AIP 系统克服了常规动力潜艇需要经常浮出水面的缺点，极大地提高了续航能力和隐蔽性。

212 级潜艇在艇首装有 6 部 533 毫米鱼雷发射管，可使用 DM2A4 重型鱼雷、IDAS 短程导弹等，艇上还备有自动化鱼雷快速装填装置。该级艇通常携带 24 枚水雷，40 枚干扰器 / 诱饵等。212 级潜艇的电子设备主要包括搜索潜望镜、攻击潜望镜、1007 型导航雷达、卫星导航定位系统、无线电综合导航系统、电罗经、计程仪和测深仪等。其中 1007 型导航雷达主要用于导航和对海搜索，具有频率捷变、自动跟踪、脉冲压缩和动目标显示等功能，作用距离大于 30 千米，探测能力良好。

· 夜幕下的 212 级潜艇 ·

· 德国海军装备的 212 级潜艇停泊在基尔港中 ·

德国 214 级常规动力潜艇

• 葡萄牙海军装备的214级潜艇 •

　　214级潜艇是德国在209级潜艇的基础上研制而成的新型常规潜艇。20世纪90年代末，德国老牌造船厂霍瓦兹船厂保留了209级潜艇的设计理念，融合212级潜艇的AIP技术，设计了一款212A级简化版潜艇，也就是214级潜艇。

　　214级潜艇采用模块化设计建造技术，将武器系统、传感器和潜艇平台紧密结合成为一体，适合完成各种使命任务，基本代表了目前常规动力潜艇的技术发展水平。214级潜艇通过在总体、动力、设备等方面精心研制，获得了一个安静的作战平台。耐压艇体由HY80和HY100低磁钢建造，强度高、弹性好，下潜深度大于400米，不易被敌方磁探测器发现。艇体进行光顺设计，尽量减少表面开口，开口采用挡板结构以尽可能地减小海水流动噪声。

法国"凯旋"级弹道导弹核潜艇

"凯旋"级潜艇（Triomphant Class Submarine）是法国于20世纪90年代建造的第二代弹道导弹核潜艇，共建造4艘，目前全部在役，是法国核威慑力的重要组成部分。

"凯旋"级潜艇的艇体长宽比为11:1，具有光顺的流线型表面。指挥台围壳居中靠近舯部，围壳前部有围壳舵。艇壳材料采用HLES-100高强度钢，潜艇的下潜深度可达400米。耐压壳内布置有鱼雷舱、指挥舱、导弹舱、反应堆舱、主机舱、尾舱等6个舱室。"凯旋"级潜艇装有16部弹道导弹发射筒，设计装备M-51导弹。该导弹为三级固体燃料导弹，射程11000千米，圆概率偏差300米。每枚导弹可携带6个威力为15万吨TNT当量的分导式热核弹头。该级艇首部设置4部533毫米鱼雷发射管，可发射L5-3型两用主/被动声自导鱼雷或SM39"飞鱼"反舰导弹，鱼雷和反舰导弹可混合装载18枚。

法国"红宝石"级攻击型核潜艇

"红宝石"级潜艇（Rubis Class Submarine）是法国于20世纪70年代开始建造的第一代攻击型核潜艇，共建造了6艘，其中后2艘为改进型，而前4艘也在20世纪90年代初进行了现代化改装。虽然"红宝石"级潜艇的吨位较小，但非常适合在地中海活动的法国海军使用。

"红宝石"级潜艇在艇首装有4部533毫米鱼雷发射管，可发射鱼雷和导弹。鱼雷主要为F-17 Ⅱ型和L-5 Ⅲ型。F-17 Ⅱ为线导、主/被动寻的型鱼雷，40节时射程20千米。L-5 Ⅲ为两用鱼雷，主/被动寻的，35节时射程9.5千米。该级潜艇还搭载了SM-39"飞鱼"潜射反舰导弹，射程50千米，战斗部重165千克。艇上可携带鱼雷和导弹共18枚，在执行布雷任务时则可携带各型水雷。该级艇的动力装置为CAS48型一体化反应堆，功率为48兆瓦，堆芯寿命25年。"红宝石"级潜艇的最大下潜深度为300米，改进型增加到了350米。

· "红宝石"级潜艇结构图 ·

法国/西班牙"鲉鱼"级常规动力潜艇

·前方视角·

"鲉鱼"级潜艇（Scorpene Class Submarine）是法国和西班牙于20世纪末联合研制的常规动力潜艇，分为标准型、AIP型和缩小型3种类型。"鲉鱼"级潜艇主要用于出口，目前已成功销往智利、马来西亚、印度和巴西等国。

"鲉鱼"级潜艇采用了"金枪鱼"形的壳体形式，并尽可能减少了体外附属物的数量。艇上主要设备均采取弹性安装，在需要的部位还采用了双层减震。精心设计的螺旋桨具有较低的辐射噪声。由于潜艇的耐压壳体采用高拉伸钢建造，故重量轻，可使艇上装载更多的燃料和弹药，并使其随时根据需要下潜至最大深度。"鲉鱼"级潜艇的自动化程度较高，关键功能的实时分析及冗余设计，使其编制人员人数可减少到31人，正常值班仅需9人。

·港口中的"鲉鱼"级潜艇·

意大利"萨乌罗"级常规潜艇

"萨乌罗"级潜艇（Sauro class submarine）是意大利于 20 世纪 70 年代建造的常规动力潜艇，一共建造了 8 艘，首艇于 1978 年开始服役。截至 2018 年 9 月，该级艇仍有 4 艘在意大利海军服役。

"萨乌罗"级潜艇采用水滴形艇体、单壳体结构，耐压壳体由 HY80 高强度钢制造。该级艇在设计上十分重视提高隐蔽性，其主要任务包括反潜、反舰、巡逻和破坏海上交通线，运送突击队员等。"萨乌罗"级潜艇装有 6 具 533 毫米鱼雷发射管，采用液压发射方式，可在最大工作深度发射鱼雷，鱼雷管内 6 枚，备用 6 枚，共 12 枚鱼雷。

• "萨乌罗"级潜艇结构图 •

■ "萨乌罗"级潜艇在水面航行

■ "萨乌罗"级潜艇浮出水面

荷兰"海象"级常规动力潜艇

"海象"级潜艇（Walrus Class Submarine）是荷兰于20世纪70年代研制的常规动力潜艇，同级艇均以海洋哺乳动物命名。目前，该级艇是荷兰海军唯一现役潜艇，主要使命是参与荷兰海军与北约的军事行动，利用鱼雷和导弹攻击潜艇和水面舰艇，执行侦察与其他特种作战任务。

"海象"级潜艇采用水滴形艇体，采用HY-100型钢制造而成。艇尾控制板采用X形布置，提高了潜艇在水下航行时的机动性和抗沉性。该级艇使用7叶大侧斜螺旋桨，在9节航速下的续航能力高达10000海里，能够持续在海上执行60天任务。艇上的主声呐系统为法国汤姆森公司的"章鱼"声呐系统，由英国、法国和荷兰共同研制。武器方面，"海象"级潜艇装有4部533毫米鱼雷发射管，可发射MK37型鱼雷或MK48型鱼雷，也可发射"鱼叉"反舰导弹，还可以布放水雷。

·停靠在阿姆斯特丹港·

·访问美国诺福克海军基地·

以色列"海豚"级常规潜艇

"海豚"级潜艇（Dolphin class submarine）是德国哈德威造船厂为以色列海军建造的常规动力潜艇，首艇于1999年开始服役。截至2018年9月，该级艇已有5艘入役。

"海豚"级潜艇是德国209级潜艇和212级潜艇的改良型。与212级艇相似，"海豚"级潜艇最大的特色在于它多出了一段可供两栖特战人员进出的舱段，可装载潜水推送器以执行输送特种部队的任务，以便进行侦察和渗透作战。"海豚"级潜艇采用HY-80高强度钢耐压艇体，良好的流线型艇体，先进的声呐，安全系统等特点成为常规潜艇的亮点。该级艇装有6具533毫米鱼雷发射管和4具650毫米鱼雷发射管。

·"海豚"级潜艇结构图·

·"海豚"级潜艇在水面航行·

■ "海豚"级潜艇右舷视角

瑞典"哥特兰"级常规潜艇

"哥特兰"级潜艇（Gotland class submarine）是世界上较早配备"不依赖空气推进"系统的常规潜艇，一共建造了3艘。截至2018年9月，该级艇仍全部在役。

"哥特兰"级潜艇的艇体为长水滴形，采用单壳体结构，其耐压艇体由HY-80和HY-100高强度合金钢制造。整个艇体由双层耐压隔壁分为两个水密舱，使潜艇的舱室空间得到充分利用，用以改善艇员的居住和生活条件。"哥特兰"级潜艇装有6具鱼雷发射管，其中4具为533毫米口径，主要发射TP2000型高速线导自动寻的鱼雷和TP613/TP62线导自动寻的重型反舰鱼雷；2具为400毫米口径，主要发射TP432/TP451型轻型线导反潜鱼雷。

· "哥特兰"级潜艇结构图 ·

· "哥特兰"级潜艇编队航行 ·

■ "哥特兰"级潜艇侧后方视角

澳大利亚"柯林斯"级常规潜艇

"柯林斯"级潜艇（Collins class submarine）是瑞典考库姆公司为澳大利亚海军建造的常规动力潜艇，一共建造了6艘。截至2018年9月，该级艇仍全部在役。

"柯林斯"级潜艇装有6具533毫米鱼雷发射管，其中第一具是由美国制造商提供的，其余几具由美国提供技术指导，由澳大利亚自行制造。鱼雷发射管可发射美国"鱼叉"反舰导弹和Mk 48型鱼雷，也可装载水雷。艇上共携带22枚导弹或鱼雷，以及44枚水雷。此外，还可装载巡航导弹以攻击远距离陆上目标，在指挥台围壳顶部还预留有安装对空导弹的空间。

·"柯林斯"级潜艇结构图·

·"柯林斯"级潜艇在潜望镜深度航行·

■ "柯林斯"级潜艇在水面航行

日本"亲潮"级常规动力潜艇

■ "亲潮"级潜艇在进行人员轮换

• "亲潮"级潜艇停泊在港口 •

• "亲潮"级潜艇侧前方视角 •

"亲潮"级潜艇（Oyashio Class Submarine）是日本于20世纪90年代初开始建造的常规潜艇，主要用于替代老式"汐潮"级潜艇，以便在21世纪初保留一定规模的常规潜艇兵力。该级艇共建造了11艘，1998年开始服役，截至2018年9月仍有9艘在役。

"亲潮"级潜艇的鱼雷发射管布置方式与以往的日本潜艇不同，虽然鱼雷室仍设置在艇身中段，但以往是将6部鱼雷发射管以上下并列方式从前段艇身两侧突出，"亲潮"级潜艇的发射管则向艇首前移，两侧发射管各以一前两后的方式配置，并且是从舰体中心朝外斜向发射。"亲潮"级潜艇共装备20枚鱼雷和导弹，包括最大射程38～50千米的89式线导鱼雷和潜射式"鱼叉"反舰导弹。

日本"苍龙"级常规动力潜艇

在港口中休整

"苍龙"级潜艇尾部

"苍龙"级潜艇(Soryu Class Submarine)是日本于21世纪初建造的常规动力潜艇,也是日本在二战后建造的吨位最大的潜艇。该级艇运用了AIP技术,计划建造10艘,截至2018年9月,已经有8艘建成服役。

"苍龙"级潜艇装载的鱼雷和反舰导弹等各种武备基本上与"亲潮"级潜艇相同,但是艇上武器装备的管理却采用了新型艇内网络系统。此外,艇上作战情报处理系统的计算机都采用了成熟的商用技术。该级艇装备的是6部533毫米鱼雷发射管,与"亲潮"级潜艇上装备的鱼雷发射管完全相同。具体布置方式是在潜艇首部分为上下两层水平排列,上层2部,下层4部。鱼雷发射管可发射89型鱼雷、"鱼叉"导弹以及布放水雷等。

印度"歼敌者"级弹道导弹核潜艇

"歼敌者"级弹道导弹核潜艇是印度研制的第一种核动力潜艇,计划建造4艘,首艇于1997年开工建造,2009年7月下水,2016年8月开始服役。二号艇已于2017年11月开始海试。

"歼敌者"级潜艇的单艘造价约29亿美元,可配备12枚最大射程超过700千米的K-15"海洋"弹道导弹,或K-X"烈火3"弹道导弹。此外,还可携带6枚533毫米鱼雷。"歼敌者"级潜艇的服役,意味着印度从此已经拥有从水下发射核武器的能力。

·"歼敌者"级潜艇右舷视角·

·"歼敌者"级潜艇结构图·

■ "歼敌者"级潜艇在水面航行

07
CHAPTER

两栖舰艇

　　两栖舰艇首次出现于二战中，在20世纪50年代以后迅速发展。这种舰艇主要用于运载登陆部队、武器装备、物资车辆、直升机等进行登陆作战，在现代战争中发挥着独特的作用。本章主要介绍冷战以来世界各国建造的经典两栖舰艇，包括两栖攻击舰、两栖指挥舰、坦克登陆舰、船坞登陆舰、两栖运输舰和气垫登陆艇等。

美国"塔拉瓦"级两栖攻击舰

"塔拉瓦"级两栖攻击舰（Tarawa Class Amphibious Assault Ship）是美国于 20 世纪 70 年代中期开始建造的两栖攻击舰，共建造了 5 艘，首舰"塔拉瓦"号于 1971 年 1 月动工，1973 年 12 月下水，1976 年 5 月服役。2015 年 3 月，该级舰全部退役。

"塔拉瓦"级两栖攻击舰采用通长甲板、高干舷，甲板下为机库。甲板整体为方形，舰首略窄，2 座 127 毫米舰炮位于甲板顶端两侧。舰右侧岛式建筑较长，只有 1 座，前后设置 2 个低桅，前桅后和后桅前有两级烟囱。该级舰可作为直升机攻击舰、两栖船坞运输舰、登陆物资运输舰和两栖指挥舰使用，能完成 4～5 艘登陆运输舰的任务。该级舰武器装备多、威力大，装备有对空导弹、机载空舰导弹和近防武器系统，以及直升机和垂直/短距起降飞机，可形成远、中、近距离结合和高、中、低一体的作战体系，具有防空、反舰和对岸火力支援等能力。

■ 前方视角

■ 后方视角

美国"黄蜂"级两栖攻击舰

"黄蜂"级两栖攻击舰（Wasp Class Amphibious Assault Ship）是美国于20世纪80年代中期开始建造的多用途两栖攻击舰，共建造了8艘。该级舰是在"塔拉瓦"级两栖攻击舰的基础上改进而成，能使用更先进的飞机和登陆艇。

在后续的"美利坚"级两栖攻击舰服役前，"黄蜂"级两栖攻击舰是全球两栖舰艇中吨位最大、搭载直升机最多的一级。其机库面积为1394平方米，有3层甲板高，可存放28架CH-46E直升机。飞行甲板上还可停放14架CH-46E或9架CH-53E直升机。舰尾机库甲板下面是长为81.4米的坞舱，可运载12艘LCM6机械化登陆艇或3艘LCAC气垫登陆艇。坞舱前面是一个两层车辆舱，可装载坦克、车辆约200辆。

美国"美利坚"级两栖攻击舰

"美利坚"级两栖攻击舰（America Class Amphibious Assault Ship）是美国正在建造的最新一级两栖攻击舰，也是美国第四代两栖攻击舰。该级舰计划建造11艘，首舰"美利坚"号于2012年10月下水，2014年10月开始服役。

与美国此前的两栖攻击舰相比，"美利坚"级拥有更大的机库、扩大的航空维修区、大幅扩充的零件与支援设备储存空间，以及更大的油料库。该级舰完全省略了坞舱的设计，节约出来的空间被用来建造2座更宽敞、净空更大、装设有吊车可容纳MV-22"鱼鹰"倾转旋翼机的维修舱。"美利坚"级两栖攻击舰可搭载一个由12架MV-22倾转旋翼机、6架F-35B战斗机、4架CH-53E"超级种马"直升机、7架AH-1"眼镜蛇"武装直升机或UH-1"伊洛魁"通用直升机，以及2架MH-60S"海鹰"搜救直升机所组成的混编机队，或只搭载20架F-35B战斗机与2架MH-60S搜救直升机，可使空中攻击火力最大化。

·前方视角· ·侧后方视角·

美国"蓝岭"级两栖指挥舰

"蓝岭"级两栖指挥舰(Blue Ridge Class Command Ship)是美国于20世纪60年代建造的两栖指挥舰,也是美国自二战以来建造的最大的指挥舰。目前,"蓝岭"级两栖指挥舰仍担任美国海军第7舰队和第6舰队的旗舰。

"蓝岭"级两栖指挥舰是一艘专用的舰队指挥舰,基本不具备执行其他任务的能力。该级舰的"旗舰指挥中心"是一个大型综合通信及信息处理系统,它与70多台发信机和100多台收信机连接在一起,同三组卫星通信装置相通,可以每秒3000个单词的速度同外界进行信息交流。接收的全部密码可自动进行翻译,并通过舰内自动装置将译出的电文送到指挥人员手中,同时,可将这些信息存储在综合情报中心的计算机中。这种信息收发处理能力,在目前世界现役的所有指挥舰中都很少见。

·前方视角·

·侧前方视角·

·返回基地·

CHAPTER 07 两栖舰艇 279

美国"惠德贝岛"级船坞登陆舰

"惠德贝岛"级船坞登陆舰（Whidbey Island Class Dock Landing Ship）是美国于20世纪80年代建造的船坞登陆舰，共建造了8艘，截至2018年9月仍全部在役。

"惠德贝岛"级船坞登陆舰的上层建筑布置在舰舯前部。上层建筑后部有宽敞的甲板，舰内有较大的装载空间，整体布局体现了"均衡装载"的设计思想。该级舰可装载登陆部队、坦克、直升机或垂直短距起降飞机，其坞舱较大，可容纳4艘气垫登陆艇或21艘机械化登陆艇。"惠德贝岛"级船坞登陆舰装有1座通用动力公司RAM舰对空导弹发射装置、2座MK15"密集阵"近程防御武器系统、2门25毫米MK38机炮、8挺12.7毫米机枪，自卫火力较强。

CHAPTER 07 两栖舰艇

美国"奥斯汀"级船坞登陆舰

"奥斯汀"级船坞登陆舰（Austin Class Dock Landing Ship）是美国于20世纪60年代建造的船坞登陆舰，共建造了12艘，1965年至2017年在美国海军服役"。

"奥斯汀"级船坞登陆舰可充当浮动直升机基地以及紧急反应中心。其兵员舱也可用来存储救援物资，而且该空间还可用来存放2000吨的补给品和设备，另有存放22.45万加仑航空燃料以及11.9万加仑车用燃料的油罐。舰上有7台起重机，其中1台为30吨，另外6台为4吨。升降机从飞行甲板到机库甲板可运载8吨的负重。该级舰的大型三角式主桅位于上层建筑顶部，有两个高大细长的烟囱，右舷烟囱位置较左舷烟囱更靠前，起重吊臂位于烟囱之间。"奥斯汀"级船坞登陆舰的自卫武器包括2座"密集阵"近程防御武器系统、2门25毫米MK 38机炮，以及8挺12.7毫米机枪等。

美国"圣安东尼奥"级船坞登陆舰

"圣安东尼奥"级船坞登陆舰（San Antonio Class Dock Landing Ship）是美国正在建造的最新一级船坞登陆舰，计划建造12艘。首舰"圣安东尼奥"号于2003年7月下水，2006年1月服役。截至2018年9月，已有11艘建成服役。

"圣安东尼奥"级船坞登陆舰是美国为实施"由海向陆"战略而建造的新型多用途舰，代表着两栖船坞登陆舰技术发展的先进水平。该级舰可搭载美国海军的各种航空器，包括CH-46中型运输直升机、CH-53重型运输直升机或下一代运输主力MV-22倾转旋翼机。该级舰有3个总面积达2360平方米的车辆甲板、3个总容量962立方米的货舱、1个容量1192立方米的JP5航空燃油储存舱、1个容量达37.8立方米的车辆燃油储存舱及1个弹药储存舱，可为登陆部队提供充分的后勤支援。舰内设有一个全通式泛水坞穴甲板，由舰尾升降闸门出入，可停放2艘LCAC气垫登陆艇或1艘LCU通用登陆艇；位于舰舯、紧邻坞穴的部位可停放14辆新一代先进两栖突击载具。

·前方视角·

美国 LCAC 气垫登陆艇

LCAC 气垫登陆艇（Landing Craft Air Cushion）是美国于 20 世纪 80 年代研制的气垫登陆艇，共建造了 91 艘。该级艇于 1986 年开始服役，截至 2018 年仍然大量装备美国海军。此外，日本海上自卫队也有少量装备。

LCAC 气垫登陆艇的艇体为铝合金结构，不受潮汐、水深、雷区、抗登陆障碍和近岸海底坡度的限制，可在全世界 70% 以上的海岸线实施登陆作战。在登陆作战时，携带气垫登陆艇的两栖舰船只需在远离岸边 20～30 海里的海中，便可让气垫登陆艇依靠自身的动力将人员和装备送上敌方滩头，从而保证了自身的安全。经研究表明，LCAC 气垫登陆艇稍作改装，即可执行扫雷、反潜和导弹攻击等任务。LCAC 气垫登陆艇的动力装置为 4 台莱康明燃气涡轮机，2 台用于推进，2 台用于升力，持续功率 12000 千瓦。此外，还有 2 台包覆式可变螺距旋桨推进器，4 台双进气升力风扇。

CHAPTER 07 两栖舰艇

俄罗斯"蟾蜍"级坦克登陆舰

"蟾蜍"级坦克登陆舰（Ropucha Class Landing Ship）是苏联于20世纪60年代研制的坦克登陆舰，有Ⅰ型和Ⅱ型两种型号，主要区别在于舰载武器的不同。Ⅰ型舰共建造25艘，均在波兰格但斯克船厂建成，建造时间为1974—1988年。Ⅱ型舰共建3艘，首舰于1987年动工，第三艘于1992年建成。截至2018年9月，仍有15艘"蟾蜍"级坦克登陆舰在俄罗斯海军服役。

"蟾蜍"级坦克登陆舰采用平甲板船型，上层建筑布置在舰艉后方，它前面的上甲板为装载甲板，上面开有一个装货舱口。上甲板前端呈方形，尾部有尾跳板。该级舰有两种装载方式可供选择，一种是10辆主战坦克加190名登陆士兵，另一种是24辆装甲战斗车加170名士兵。

CHAPTER 07 两栖舰艇

俄罗斯"短吻鳄"级坦克登陆舰

■ "短吻鳄"级坦克登陆舰左舷视角

"短吻鳄"级坦克登陆舰（Alligator class landing ship）是苏联于20世纪60年代建造的坦克登陆舰，一共建造了14艘，截至2018年9月，仍有4艘在役。

"短吻鳄"级坦克登陆舰可搭载约400名登陆作战人员，也可搭载20辆坦克或40辆装甲作战车辆，总运载量为1000吨。该级舰的动力装置为2台柴油发动机，总功率为6700千瓦。自卫武器方面，"短吻鳄"级坦克登陆舰装有3座双联装SA-N-5"杯盘"舰对空导弹发射装置，有效射程为6千米；2座双联装25毫米舰炮，射速为270发/分，有效射程为3千米；2座双联装55毫米舰炮；2座122毫米火箭发射装置。

• "短吻鳄"级坦克登陆舰右舷视角 •

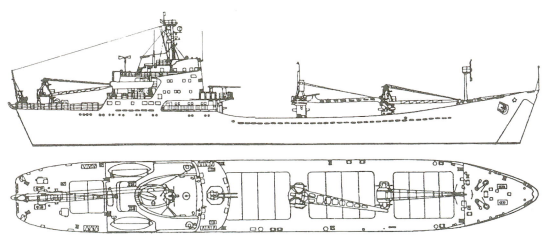

• "短吻鳄"级坦克登陆舰结构图 •

CHAPTER 07 两栖舰艇

俄罗斯"伊万·格林"级登陆舰

"伊万·格林"级登陆舰（Ivan Gren class landing ship）是俄罗斯于21世纪初开始建造的登陆舰，计划建造2艘，首舰于2012年5月下水，2018年6月开始服役。

"伊万·格林"级登陆舰的编制舰员约100人，还可搭载300名海军陆战队员，可运载13辆主战坦克或36辆装甲输送车。该级舰并不仅仅是一艘登陆舰，同时还具有对地火力支援功能。除了1门AK-176主炮和1门AK-630近防炮外，"伊万·格林"级登陆舰还在舰首安装了2门由"冰雹"多管火箭炮发展而来的双联装122毫米舰载多管火箭炮，能为登陆部队提供一定的炮火支援。

• "伊万·格林"级登陆舰前方视角 •

· "伊万·格林"级登陆舰右舷视角 ·

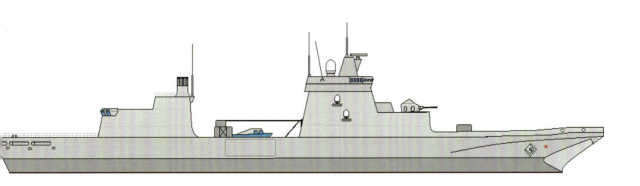

· "伊万·格林"级登陆舰结构图 ·

CHAPTER 07 两栖舰艇

俄罗斯"野牛"级气垫登陆艇

"野牛"级气垫登陆艇（Zubr Class LCAC）是苏联于20世纪80年代研制的气垫登陆艇，可用于执行两栖作时的登陆运输任务，也可为岸边的部队提供火力支援，同时还可运送和布置水雷。

"野牛"级气垫登陆艇是目前世界上最大的气垫登陆舰艇，其尺寸远大于船坞登陆舰和两栖攻击舰的容纳能力，不借助任何母船搭载，完全依靠本身的续航力登陆。该级艇有400平方米的面积可用装载，自带燃料56吨。"野"级气垫登陆艇可运载3辆主战坦克，或10辆步兵战车加上140名士兵，若单独运送武装士兵则可达到500人。世界上其他气垫登陆艇相比，"野牛"级的火力非常强大，装有"箭-3M"或"箭-2M"防空导弹系统；2门毫米AK-630火炮；2套22管MC-227型140毫米非制导弹药发射装置以及20～80枚鱼雷。

英国"海洋"级两栖攻击舰

"海洋"级两栖攻击舰是英国于20世纪90年代建造的两栖攻击舰,仅建造了1艘,即"海洋"号,舷号L12。该舰于1994年5月30日开工建造,1995年10月11日下水,1998年9月30日开始服役。

"海洋"级两栖攻击舰的设计衍生自英国"无敌"级航空母舰,但为了最大限度降低成本,整体防护性能有一定程度的下降,但仍维持着英国皇家海军的舰艇抗沉标准。"海洋"级两栖攻击舰没有设置舰尾的坞舱,但设有舷侧LCVP登陆艇。舰内可搭载40辆装甲车及1300名乘员和舰员。舰上甲板强度可操作CH-47重型运输直升机,并且具备防热焰能力,能让"海鹞"战斗机在必要时降落,并在轻载状态下垂直起飞。在自卫武装上,"海洋"级两栖攻击舰和"无敌"级航空母舰相差不多,都设有3座MK15"密集阵"近程防御武器系统和4座双联装30毫米高平两用炮。

CHAPTER 07 两栖舰艇

英国"海神之子"级船坞登陆舰

"海神之子"级船坞登陆舰（Albion Class Dock Landing Ship）是英国于20世纪末建造的船坞登陆舰，其设计思想类似于美国"圣安东尼奥"级船坞登陆舰，具有坦克登陆舰、武装运输舰、船坞登陆舰、两栖货船等综合功能。

"海神之子"级船坞登陆舰的上层建筑集中布置在舰体的中前部，主要设置指挥控制舱和医疗救护舱。指挥控制舱在上层建筑的前部，便于瞭望和指挥；医疗救护舱在上层建筑的后部，便于运送伤病员并进行及时的抢救治疗。上层建筑之后是2个直升机飞行甲板，能够停放重型战机。飞行甲板之下是陆战队员住舱，陆战队员住舱之下是船坞，船坞之前设有车辆甲板。通常，"海神之子"级船坞登陆舰可装载8艘登陆艇、67辆车辆及300～700名海军陆战队队员及全部弹药和重型装备。

法国"西北风"级两栖攻击舰

"西北风"级两栖攻击舰（Mistral Class Amphibious Assault Ship）是法国于20世纪末研制的两栖攻击舰，也是法国海军现役最新一级的两栖攻击舰，被作为法国海军两栖作战与远洋投送的主力。除法国海军使用外，俄罗斯海军也购买了4艘"西北风"级两栖攻击舰，以其首舰"符拉迪沃斯托克"号称之为"符拉迪沃斯托克"级两栖攻击舰。

"西北风"级两栖攻击舰整体造型较为简洁，舰岛、桅杆均为封闭式设计，烟囱整合于后桅杆结构后方，部分部位采用能吸收雷达波的复合材料，能降低整体雷达截面积与红外线信号。该级舰有面积6400平方米的长方形全通式飞行甲板，并设有面积达1800平方米的下甲板直升机/车辆容纳库、面积1000平方米的专用车辆甲板以及舰内坞舱。"西北风"级两栖攻击舰可运载16架NH90直升机或"虎"式武装直升机，以及70辆以上车辆，其中包含13辆主战坦克的运载维修空间。该级舰还设有900名陆战队员的运载空间（远程航行至少可以居住450名），并有一个拥有69个床位的舰上医院。

法国"闪电"级船坞登陆舰

"闪电"级船坞登陆舰（Foudre Class Dock Landing Ship）是法国于20世纪80年代末开始建造的船坞登陆舰，共建造了2艘。首舰于1990年开始服役，2011年售给智利海军。二号舰于1998年服役，目前仍服役于法国海军。

"闪电"级船坞登陆舰拥有容积达到13000立方米的船坞，能被当作一个浮动船坞使用或携带登陆车辆。船坞也能容纳10艘中型登陆艇，或者1艘机械化登陆艇和4艘中型登陆艇。可移动甲板用于提供车辆停车位或舰载直升机降落操作。"闪电"级船坞登陆舰还安装了一个船货升降机，升力高达52吨。另有一台12米起重机，额定吊运能力37吨。

■ 侧前方视角

意大利"圣·乔治奥"级两栖攻击舰

"圣·乔治奥"级两栖攻击舰（San Giorgio Class Amphibious Assault Ship）是意大利于20世纪80年代研制的两栖攻击舰，共建成3艘，首舰于1985年6月动工建造，1987年2月下水，1987年10月服役。

"圣·乔治奥"级两栖攻击舰可容纳400名作战人员或36辆轮式装甲运兵车或30辆中型坦克。在舰尾还有飞行甲板，可供3架SH-3D"海王"直升机或AW101"隼"式直升机或5架AB 212直升机起降。舰尾舱门可供两辆LCM登陆艇同时进出。"圣·乔治奥"号和"圣·马可"号在舱门舷台处可装载两辆LCVP登陆艇；稍大一些的"圣·吉斯托"号在吊舱柱处可装载3辆LCVP登陆艇。每艘船坞登陆舰均有符合北约标准的医疗设施。

荷兰/西班牙"加里西亚"

• "加里西亚"级船坞登陆舰左舷视角 •

"加里西亚"级船坞登陆舰（Galicia class landing platform dock）是荷兰和西班牙联合研制的船坞登陆舰，一共建造了2艘，截至2018年9月仍全部在役。

"加里西亚"级船坞登陆舰通常一次只能运送2个全副武装的加强连，约540人。二号舰"卡斯蒂利亚"号装备了供65名海军陆战队参谋人员使用的指挥支援系统和通信设施，其所能装载的作战部队人数也减为400人。除此之外，"加里西亚"级船坞登陆舰还可搭载4艘通用登陆艇或者6艘车辆人员登陆艇、130辆装甲车或33辆主战坦克，总载重2488吨。

级船坞登陆舰

• 停泊在港口中的"加里西亚"级船坞登陆舰 •

• "加里西亚"级船坞登陆舰结构图 •

荷兰/西班牙"鹿特丹"级船

"鹿特丹"级船坞登陆舰（Rotterdam Class Dock Landing Ship）是荷兰和西班牙于20世纪90年代联合研制的船坞登陆舰，共建造了2艘，均由荷兰皇家谢尔德公司造船厂负责建造。首舰"鹿特丹"号于1997年下水，1998年进入荷兰海军服役。

"鹿特丹"级船坞登陆舰能够在6级海况下执行直升机行动任务，在4级海况下进行登陆艇行动任务。飞行甲板长58米，宽25米，可供两架EH101这样的大型直升机起降。在执行两栖作战任务时，"鹿特丹"级船坞登陆舰可对海军陆战队士兵、联合作战和后勤支援所需的车辆和装备进行装运，并辅助其登陆。"鹿特丹"级船坞登陆舰可以运输170装甲运兵车或33辆主战坦克，同时最多还可以搭载6艘登陆艇。

·后方视角·

·侧后方视角·

坞登陆舰

西班牙"胡安·卡洛斯一世"

号两栖攻击舰

"胡安·卡洛斯一世"号两栖攻击舰（Juan Carlos Ⅰ Amphibious Assault Ship）舷号L61，是西班牙自主设计建造的多用途战舰，兼具两栖攻击舰和航空母舰的功能，西班牙将其称为"战略投送舰"（Strategic Projection Vessel）。

"胡安·卡洛斯一世"号是西班牙海军历史上最大的军舰，部分结构与"阿斯图里亚斯亲王"号航空母舰相似：全通式飞行甲板，首端设置倾角为12度的"滑跃"式甲板；飞行甲板上设有两部升降机，其中一部在舰岛前方，另一部位于飞行甲板末端中部。"胡安·卡洛斯一世"号由上而下分为四层：大型全通飞行甲板层、轻型车库和机库层、船坞和重型车库层、居住层（包括舰员住舱和医院）。飞行甲板专门进行了强化，使其能够承受垂直/短距起降战斗机较大的重量以及起降时发动机尾喷管喷射的强大热气流对甲板的冲击。该舰的船坞长69.3米，宽16.8米，面积约1163平方米，能容纳4艘LCM-1E型高速机械登陆艇或6艘LCM-8型机械登陆艇。另外，还可搭载"超级猫"硬壳充气艇。

· "胡安·卡洛斯一世"号结构图 ·

韩国"独岛"级两栖攻击舰

"独岛"级两栖攻击舰（Dokdo Class Amphibious Assault Ship）是韩国于21世纪初开始建造的两栖攻击舰，由位于韩国釜山的韩进重工业公司承建。首舰"独岛"号于2002年10月开始建造，2005年7月下水，2007年7月服役，目前是韩国海军的旗舰。

"独岛"级两栖攻击舰使用钢制舰体，舰首部分略带舷弧，具有良好的压浪性能，减少了舰体的摇摆幅度。舰上暴露的各个部位大多由倾斜的多面体组成，在脆弱部位加设装甲钢板以强化防护能力。由于雷达设计不良，造成其甲板会反射雷达信号进而产生假性目标的缺点。该级舰装有两种防空武器，第一种是荷兰"守门员"近程防御武器系统，2门分别位于舰首和舰岛末段。第二种则是一座美制21联装MK49"公羊"短程防空导弹发射器，位于舰岛顶端。动力装置方面，"独岛"级两栖攻击舰使用高速性能较佳的复合燃气涡轮与燃气涡轮系统，装有四台美国通用电气公司授权三星集团生产的LM-2500燃气涡轮机。

■ "独岛"级两栖攻击舰（近）

新加坡"坚韧"级船坞登陆舰

"坚韧"级船坞登陆舰（Endurance Class Dock Landing Ship）是新加坡于 20 世纪 90 年代后期研制的船坞登陆舰，新加坡海军装备了 4 艘，首舰"坚韧"号于 1998 年 3 月下水，2000 年 3 月开始服役。此外，泰国海军也购买了 1 艘"坚韧"级船坞登陆舰。

"坚韧"级船坞登陆舰装有 2 座双联装"西北风"防空导弹发射装置；1 门 76 毫米"奥托·梅腊拉"舰炮、5 挺 12.7 毫米机枪。该级舰可供 2 架"超级美洲狮"直升机起降。在执行作战任务时，"坚韧"级船坞登陆舰的装载量为 350 名士兵、18 辆坦克装甲车辆、20 辆军用车辆、4 艘登陆艇。

日本"大隅"级两栖运输舰

"大隅"级两栖运输舰（Osumi Class Tank Landing Ship）是日本于20世纪90年代末建造的两栖运输舰，虽然日本海上自卫队将其归类为运输舰，但是它并不具有前开的战车进出大门，也不能直接登陆沙滩，功能上接近两栖突击舰。该级舰的使用突破了日本海上自卫队以往登陆舰单一的抢滩登陆模式，实现了既可凭借气垫登陆艇抢滩登陆，又可以借助舰载直升机实施垂直登陆。

"大隅"级两栖运输舰是日本海上自卫队作战舰艇中外部尺寸最大、标准排水量最高的舰艇之一，其甲板全长120米，宽23米，总面积达3604平方米，最多可并排停放6架直升机，不过只在舰尾规划了2个直升机起降点，因此只能同时供2架CH-47运输直升机或CH-53运输直升机进行作业。该级舰内设有1个坞舱，长60米、宽15米，可容纳2艘LCAC气垫登陆艇。

CHAPTER

08

导弹艇

　　导弹艇是海军舰艇中以反舰导弹为主要武器的小型高速战斗舰艇，虽然吨位较小，但是作用巨大。这是因为它装有导弹武器，使小艇具有巨大战斗威力，成为"海洋轻骑兵"，可在现代海战中发挥重要作用。

美国"阿尔·希蒂克"级导弹艇

"阿尔·希蒂克"级导弹艇（Al-Siddiq class missile boat）是美国彼得森造船厂于20世纪70年代为沙特阿拉伯海军建造的快速导弹艇，一共建造了9艘，首艇于1980年开始服役。

"阿尔·希蒂克"级导弹艇装备有2座双联装"鱼叉"反舰导弹发射装置，位于后甲板，后两部朝向左舷，前两部朝向右舷。此外，还装备有1门76毫米舰炮、1座"密集阵"近程防御武器系统、2门20毫米厄利空机炮、2门81毫米迫击炮和2门40毫米Mk 19榴弹发射器。

■ "阿尔·希蒂克"级导弹艇侧前方视角

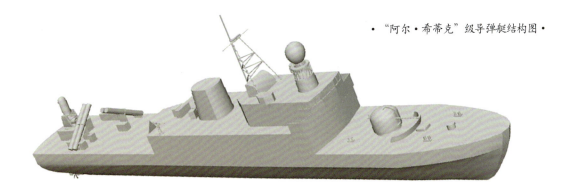

•"阿尔·希蒂克"级导弹艇结构图•

■ "阿尔·希蒂克"级导弹艇俯视图

■ "阿尔·希蒂克"级导弹艇后方视角

CHAPTER 08 导弹艇 321

俄罗斯"奥萨"级导弹艇

"奥萨"级导弹艇（Osa class missile boat）是苏联于 20 世纪 50 年代研制的导弹艇，分为Ⅰ型和Ⅱ型两种型号。该级艇是世界各国有史以来建造数量最多的导弹艇，总产量超过 400 艘。

"奥萨"级Ⅰ型艇装备有 4 座 SS-N-2 舰对舰导弹发射架、2 座 30 毫米双联装全自动高炮。Ⅱ型艇装备有 4 座 SS-N-11 舰对舰导弹发射架，部分艇装备有 SA-N-5 舰对空导弹发射架。与Ⅰ型艇一样，Ⅱ型艇也装备有 2 座 30 毫米双联装全自动高炮。

■ 越南海军装备的"奥萨"级导弹艇

• "奥萨"级导弹艇结构图 •

"奥萨"级导弹艇后方视角 •

德国"信天翁"级导弹艇

"信天翁"级导弹艇（Albatros class missile boat）是德国于20世纪70年代初开始建造的快速导弹艇，一共建造了10艘，首艇于1976年11月建成服役。该级艇在德国海军中一直服役到2005年，有8艘在退役后被售与加纳和突尼斯等国。

"信天翁"级导弹艇的主要作战使命是袭击水面舰艇、两栖舰队和补给舰船，保证己方布雷作业的安全，以及防空反导等。该级艇的主要武器为2门76毫米奥托梅莱拉舰炮、2座双联装MM38"飞鱼"反舰导弹发射装置、2具533毫米鱼雷发射管。后来，部分"信天翁"级导弹艇拆除了艇尾的76毫米舰炮，加装了1座二十一联装Mk 49"拉姆"防空导弹发射装置。

• "信天翁"级导弹艇结构图 •

·"信天翁"级导弹艇右舷视角·

·港口中的"信天翁"级导弹艇编队·

CHAPTER 08　导弹艇　325

德国"猎豹"级导弹艇

"猎豹"级导弹艇（Gepard class missile boat）是德国在"信天翁"级基础上改进而来的快速导弹艇，从1979年7月11日首艇开工到1984年11月13日最后一艘建成服役，"猎豹"级导弹艇一共建造了10艘。

"猎豹"级导弹艇的艇首装备有1门奥托·梅莱拉76毫米舰炮，艇尾装备有2座双联装MM38"飞鱼"反舰导弹发射装置，以及1座二十一联装Mk 49"拉姆"防空导弹发射装置。该级艇的艇员居住条件比"信天翁"级有所改善，且由于武器及操纵系统自动化程度的提高，艇员人数也比"信天翁"级减少了5人。

■ "猎豹"级导弹艇左舷视角

•"猎豹"级导弹艇结构图•

■ 高速航行的"猎豹"级导弹艇

•"猎豹"级导弹艇右舷视角•

以色列"萨尔4.5"级导弹艇

"萨尔4.5"级导弹艇（Sa'ar 4.5 class missile boat）是以色列海法造船厂建造的导弹艇，一共建造了10艘，首艇于1980年8月开始服役。截至2018年9月，"萨尔4.5"级导弹艇仍全部在役。

"萨尔4.5"级导弹艇的综合作战能力较强，可执行多种战斗任务，包括超视距目标指示、攻潜、搜潜、电子战、搜索救援等。该级艇的导弹攻击能力也较强，艇上装备的2座四联装"鱼叉"反舰导弹，其射程达到130千米，为"加百列"Ⅱ型导弹射程的3倍以上。该级艇还具有较强的防空能力，艇上装备有垂直发射的舰对空导弹和"密集阵"近程防御武器系统，它们与76毫米及20毫米舰炮，可构成多层次的对空防御系统。

■ "萨尔4.5"级导弹艇侧前方视角

·"萨尔4.5"级导弹艇结构图·

■ "萨尔4.5"级导弹艇编队航行

■ "萨尔4.5"级导弹艇的76毫米舰炮开火

挪威"盾牌"级导弹艇

"盾牌"级导弹艇（Skjold class missile boat）是挪威于20世纪90年代设计建造的隐形导弹艇，一共建造了6艘，1999年开始服役，截至2018年9月仍全部在役。

"盾牌"级导弹艇装备有1门76毫米奥托·梅腊拉舰炮（发射速率高达120发/分，能发射多种炮弹）、2挺12.7毫米机枪，还可发射8枚康斯博格海军打击导弹。康斯博格海军打击导弹装备一个红外成像自动导引弹头，射程超过150千米。此外，"盾牌"级导弹艇还有小型直升机甲板，可携带无人直升机。

·"盾牌"级导弹艇在寒冷海域航行·

■ "盾牌"级导弹艇左舷视角

■ 高速航行的"盾牌"级导弹艇

• "盾牌"级导弹艇结构图 •

芬兰"哈米纳"级导弹艇

"哈米纳"级导弹艇（Hamina class missile boat）是芬兰海军装备的快速导弹艇，一共建造了4艘，首艇于1998年8月开始服役。截至2018年9月，"哈米纳"级导弹艇仍全部在役。

"哈米纳"级导弹艇的设计更强调火力而不是舰艇的大小，其舰载武器的种类较全。"哈米纳"级导弹艇的主要武器包括：4座RBS-15 Mk 2反舰导弹发射装置，该导弹为主动雷达寻的制导，射程150千米；8座"长矛"舰对空导弹发射装置；1门博福斯57毫米舰炮；2挺12.7毫米NSV机枪；1座深水炸弹发射架。

■ "哈米纳"级导弹艇右舷视角

■ "哈米纳"级导弹艇发射导弹

■ "哈米纳"级导弹艇与NH90直升机

• "哈米纳"级导弹艇结构图 •

参考文献

[1] 哈钦森. 简氏军舰识别指南 [M]. 北京：希望出版社，2003.

[2] 陈艳. 潜艇——青少年必知的武器系列 [M]. 北京：北京工业大学出版社，2013.

[3] 查恩特. 现代巡洋舰驱逐舰和护卫舰 [M]. 北京：中国市场出版社，2010.

[4] 于向昕. 航空母舰 [M]. 北京：海洋出版社，2010.